교사를 위한 캔바

지오북스

저자소개

김정아
충북 내토중학교 수석교사, 수학과
mell1209@korea.kr

박선경
충북 내토중학교 교사, 국어과
minisk83@korea.kr

김보미
충북 내토중학교 교사, 국어과
spring31@korea.kr

서광선
충북 매포중학교 교사, 과학과
westray@korea.kr

박민정
충북 내토중학교 교사, 수학과
raindusch@korea.kr

교사를 위한 캔바

인쇄일자	2024년 12월 15일
초판발행	2025년 1월 1일
저 자	김정아 박선경 김보미 서광선 박민정
펴낸곳	지오북스
등 록	2016년 3월 7일 제395-2016-000014호
전 화	02)381-0706 / 팩스 02)371-0706
이메일	emotion-books@naver.com
홈페이지	www.geobooks.co.kr
ISBN	9791194145165
정 가	17,000 원

이 책은 저작권법으로 보호받는 저작물입니다.
이 책의 내용을 전부 또는 일부를 무단으로 전재하거나 복제할 수 없습니다.
파본이나 잘못된 책은 바꿔드립니다.

Prologue

매일 우리는 교실에서 새로운 이야기를 만들어 나가고 있습니다. 새로운 학생들을 만나 교사로서 양질의 지식을 전하고 학생들이 배워가는 과정을 지켜보는 시간은 언제나 가치 있는 일이지만, 그 과정 뒤에는 무수한 준비와 노력이 필요합니다. 학습 자료를 만들고 학급을 운영하며 학교 행정 업무를 처리하는 일은 때때로 벅차게 느껴지기도 합니다. 창의적인 수업아이디어를 떠올릴 틈도 없이, 당장 해결해 나가야 할 시급한 문제들에 매달려야 할 때도 많습니다. 그 속에서 새로운 도구나 방법을 시도하는 일이 부담스럽게 다가오는 건 어쩌면 당연할지도 모릅니다.

이토록 어려운 환경이지만, 우리는 변화하는 교육 환경에 맞춰 더 나은 방법을 끊임없이 모색해 나가고 있습니다. 학생들에게 더 효과적인 교육을 제공하기 위해 노력하는 교사들의 마음을 잘 알고 있기에, 이 책은 그런 선생님들께 간단하면서도 실용적인 방법으로 수업을 준비하고 업무를 추진할 수 있도록 하는 방법을 담고 있습니다.

캔바(Canva)는 복잡한 기술이 아닌, 누구나 쉽게 다룰 수 있는 직관적인 도구입니다. 다양한 템플릿과 아이콘, 글꼴 같은 풍부한 자원들을 손쉽게 활용해 단순한 자료 제작을 넘어, 수업에서 학생과 교사의 소통의 질을 높일 수 있는 기회를 제공합니다. 또한 학생들도 캔바의 간단한 기능을 사용하여 양질의 학습 결과물을 작성할 수 있습니다. 특히 다양한 프로젝트 활동에서 학생들의 글씨체나 그리기 능력이 완성도를 결정할 때에 캔바(Canva)를 사용하면서 학생들은 배워야 하는 핵심적인 교과 내용에 집중할 수 있습니다.

이 책은 모든 교사가 학교에서 쉽게 활용할 수 있도록 첫 장에서는 캔바(Canva)의 기본 사용법을, 그다음에는 업무와 수업에서 바로 적용할 수 있는 다양한 예시와 팁을 다루고 있습니다. 학습 자료 제작, 학급 공지 포스터, 간단한 행정 서류 등 캔바(Canva)를 통해 할 수 있는 작업들은 매우 다양합니다. 또한 협업 기능을 통해 동료 선생님들과 함께 자료를 만들거나 아이디어를 공유할 수 있는 기회도 열려 있습니다.

이 책을 통해 단순히 새로운 디지털 도구를 접해보는 것을 넘어 선생님들이 업무의 부담을 덜고 수업 준비에서 창의성과 효율성을 동시에 얻을 수 있기를 바랍니다. 더 나아가, 캔바(Canva)를 통해 얻은 시간을 학생들과의 소통과 교감으로 채워 나가실 수 있기를 기대합니다.

2024년 저자 일동

추천사

요즘은 시각화된 수업 자료를 준비해야 하는 경우가 점점 늘고 있습니다. 교사들이 수업을 더욱 흥미롭고 효과적으로 만들기 위해서는 창의적이고 탐구심을 이끌어낼 수 있는 개별화된 수업에 맞게 편집된 도구나 자료가 필요합니다. 그 도구나 자료를 이용해 교사와 학생이 수업 주제에 대해 원활하게 소통하고, 학생들 간 협업까지 자유롭게 끌어낼 수 있다면 금상첨화일 것입니다.

이런 교육계의 요구를 십분 충족하여 캔바를 제대로 익힐 수 있게 도와주는 책이 드디어 발간되었습니다. "교사를 위한 캔바"는 캔바 사용의 다양한 접근법과 현직 교사들이 수업에 활용할 수 있는 생생한 아이디어를 잘 보여주고 있습니다.

제가 캔바 강사들을 많이 배출하면서 정작 교직에 계신 선생님들의 필요에 꼭 맞는 교재가 필요하다는 생각은 늘 하고 있었는데 드디어 이런 책이 나오게 되어 아주 기쁜 마음으로 이 추천사를 쓰고 있습니다.

이 책은 현직 교사가 직접 집필하여, 실제 수업에서 유용하게 활용할 수 있는 캔바의 다양한 기능과 활용법을 상세히 설명하고 있습니다. 단순한 사용법을 넘어, 교실에서의 실제 적용 사례와 아이디어를 통해 교사들이 캔바를 수업에 어떻게 적용할 수 있는지도 과목별로 자세하게 다루고 있습니다.

또한 캔바 사용에 있어 초보자부터 전문가까지 모두에게 유용한 실용적인 활용 방법을 제공하고 있으며, 누구든지 쉽게 따라 할 수 있도록 구성되어 있습니다. 삭막하고 각박한 교육계의 현실 속에서 각 학생의 수준에 맞는 창의적인 수업을 만들어 나가고자 끊임없이 교육 자료를 계발하고 계실 현직 선생님들께 이 책을 추천드립니다.

국제디지털콘텐츠협회 협회장
이은희

차례

Prologue Ⅰ

추천사 Ⅱ

CHAPTER 01 캔바(Canva) — 1

1.1 캔바	2
1.2 교육용 캔바	3
1.3 캔바 교사 인증받기	4
1.4 캔바 가입 방법 및 기본 기능	7
1.5 기타 기능	10
1.6 학생 지도를 위한 수업 개설하기	16
1.7 사용자 초대	18
1.8 개설된 수업 확인	21
1.9 수업	22
1.10 학생 입장에서 수업에 참가하기	33
1.11 학생 과제 및 보고서 확인	36
1.12 액세스 권한 부여를 통한 협업	38
1.13 폴더	40
1.14 캔바의 사진 편집 기능	46
1.15 캔바의 유용한 앱추가 기능	54
1.16 캔바의 유용한 디자인 검색 키워드	58

CHAPTER 02 업무에서의 활용   63

2.1 흡연예방 현수막 디자인 공모전   64
2.2 학교 축제 포스터 공모전   65
2.3 수업 시간표 만들기   69
2.4 학교 브로슈어 제작   72
2.5 Canva Docs 활용하기   75
2.6 PDF 문서를 Canva로 편집하기   78
2.7 교내 포스터 만들기   80
2.8 동적 QR코드 생성하기   83
2.9 동영상 기능을 이용한 학급 영상(졸업 영상) 만들기   85

CHAPTER 03 수업에서의 활용   87

3.1 워크시트 검색 및 사용하기   88
3.2 캔바를 이용한 지구환경 달력 만들기   91
3.3 Bingo Cards를 활용한 수업   95
3.4 수학 수업: 차트를 활용한 자료의 정리와 해석 익히기   98
3.5 국어 수업: 그림책 만들기   104
3.6 기술·가정 수업: 의복 디자인의 요소 이해하기   113
3.7 상장 또는 단어카드 대량 제작   119
3.8 수학 수업: '삼각형의 외심' 문서 만들기   125
3.9 스톱 모션 이용한 도서 홍보 영상 만들기   130
3.10 문자 디자인 기능을 활용한 책 표지 만들기   139

CHAPTER 01 캔바(Canva)

1. 캔바

1.1 캔바

캔바(Canva)는 다양한 문서, 사진, 웹사이트, 홍보물, 동영상 등을 간단히 만들 수 있는 호주의 그래픽 디자인 플랫폼이다. 그래픽에 대한 이해도가 부족한 초보자들이 간단하고 범용적인 용도로 단순한 그래픽 작업을 할 수 있어 전 세계적으로 많이 이용되고 있다.

   캔바의 이름은 캔바스(Canvas)를 축약한 뜻으로 그래픽 디자인 강사로 일하던 멜라니 퍼킨스가 호주 내 대학교 졸업 앨범 외부 작업으로 시작해 '퓨전 북'이라는 업체를 설립하고 학생들이 직접 앨범을 디자인하도록 템플릿을 제공하는 플랫폼으로 창업하였다. 이후 고객층을 더 넓혀 2018년 세쿼이아캐피탈이 참여한 펀딩에서 10억 달러의 가치를 인정받고 팬데믹으로 인해 재택근무가 일상화되면서 수혜를 입어 2021년 무려 400억 달러의 가치로 평가 받았다.

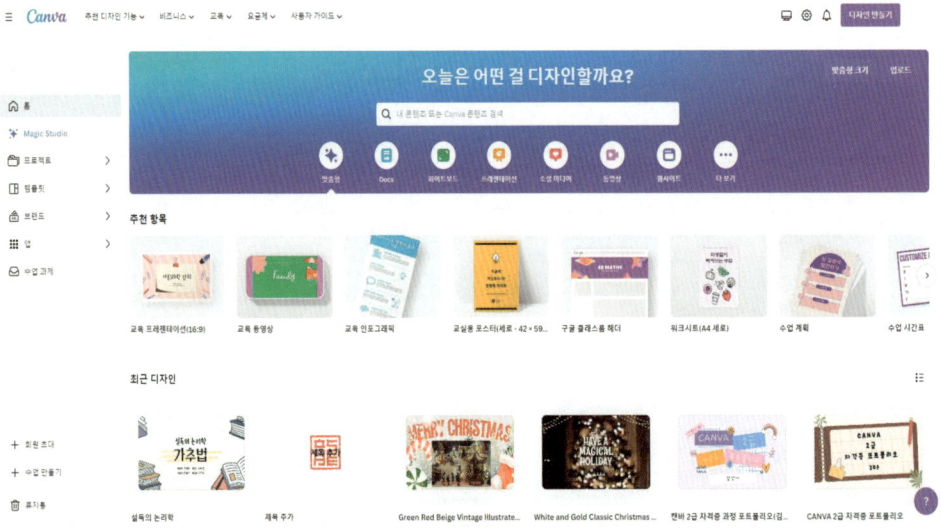

캔바 홈페이지

1.2 교육용 캔바

캔바는 무료 사용이 가능하지만 더 많은 템플릿과 기능을 사용하려면 Pro요금제, 단체용 요금제를 사용해야 한다. 그러나 초중고 교사와 학생에게 100% 무료로 아래와 같은 프리미엄 기능을 제공한다.

- 1억 개 이상의 저작권이 행사되지 않는 이미지, 동영상, 애니메이션, 오디오 등
- 과목과 학년, 실력에 상관없이 사용할 수 있는 수천 개의 고품질 교육용 템플릿
- 배경 제거 기능으로 배경 이미지 제거
- Magic Switch™로 디자인 크기 조정
- 1TB 클라우드 저장 공간
- 코드, 이메일 초대 또는 Google 클래스룸을 통해 교실에 학생과 다른 교사 초대
- iKeepsafe의 FERPA, COPPA, GFPR 준수 인증 및 학교에서 안전하게 사용할 수 있는 콘텐츠 보유
- Canvas, Schoology, D2L, Google 클래스룸 등 LMS(Learning Management System: 학습관리 시스템) 통합
- 학생에게 Canva나 LMS를 통해 하는 과제 전송

교육용 캔바를 사용할 수 있는 직업군은 아래와 같으며 교육용 캔바 사용자는 3년마다 자격증 재인증을 해야 한다.

- 정식 인가를 받은 학교에서 현재 재직 중인 교사
- 공인 유치원 · 초중고등학교 사서
- 공인 유치원 · 초중고 학습 지원 보조 교사
- 공인 유치원 · 초중고 교육 과정 전문가
- 기술 학교나 직업 학교에서 초중고 학생을 가르치고 있는 교원 자격증 소지자
- 초중고 교육 관련 정부 승인 기관

자세한 교육기관/교원 자격요건은 오른쪽 QR코드 링크 확인

교원자격요건

1. 캔바

1.3 캔바 교사 인증받기

인증된 교육용 도메인을 사용해 가입하는 경우에는 교육용 캔바를 곧바로 이용할 수 있으나 사진 또는 승인된 문서 사본을 업로드하면 캔바에서 48시간 이내로 신청서로 검토하여 승인한다. 아래와 같은 현재 자격을 입증하는 문서를 업로드한다.

- 교원 자격을 입증하는 자격증/증명서 사진 또는 스캔본
- 재직증명서, 급여 명세서 등 학교 재직 상태를 입증하는 사진 또는 스캔본
- 교사 신분을 입증하는 학교 ID 사진 또는 스캔본
- 정부가 인정하고, 유초중고 교육기관으로 공식 인가를 받은 조직임을 입증하는 문서

가장 간편한 방법은 재직증명서를 업로드하는 방법이다.

1. 재직 증명서 발급하기

(1) 정부24(https://www.gov.kr) 접속 〉 로그인 〉 재직증명서 검색 〉 발급

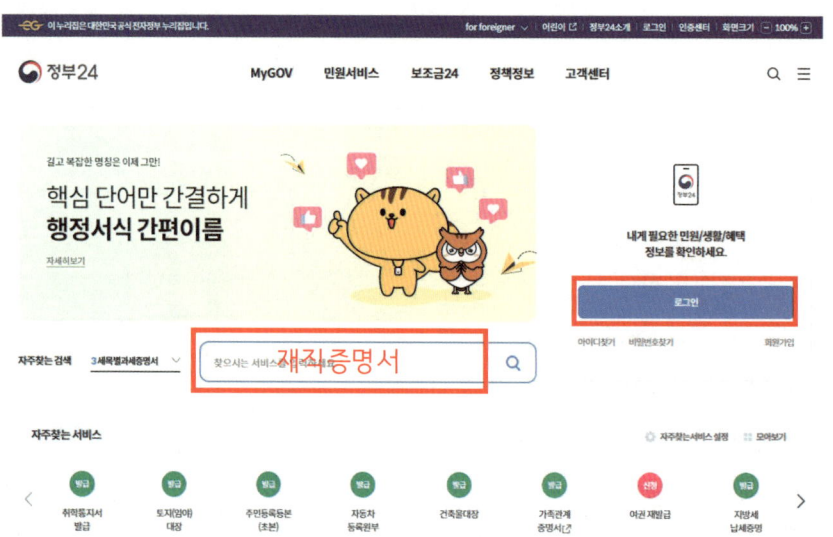

(2) 캔바 > 로그인 > 우측 상단 계정 > 요금제 및 가격 > 교육용 탭

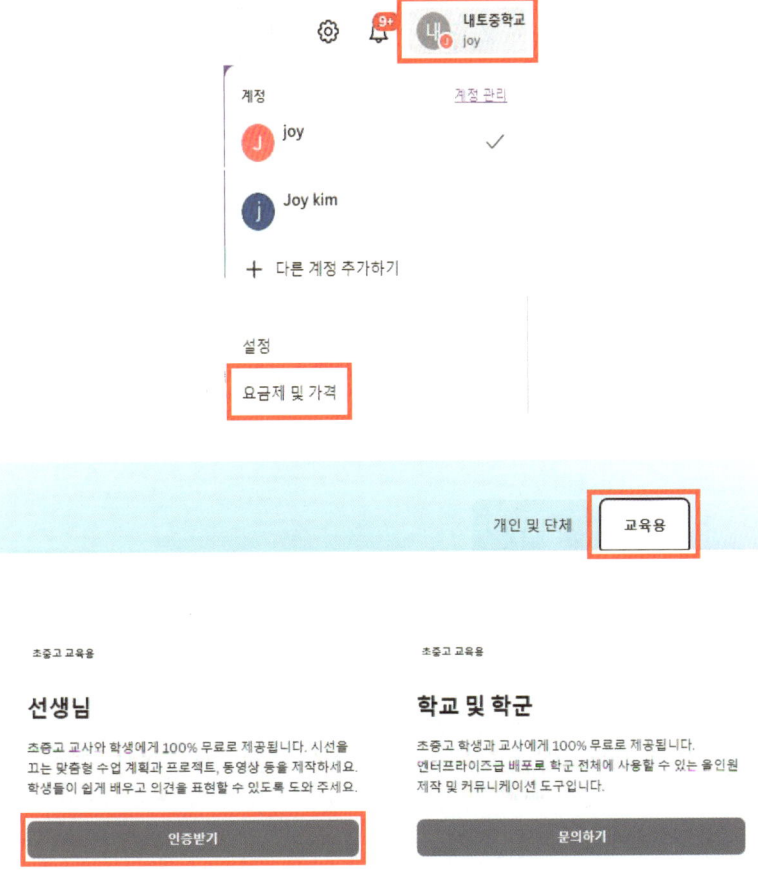

(3) 선생님 인증받기 선택 > 인적사항 작성 및 재직증명서 업로드

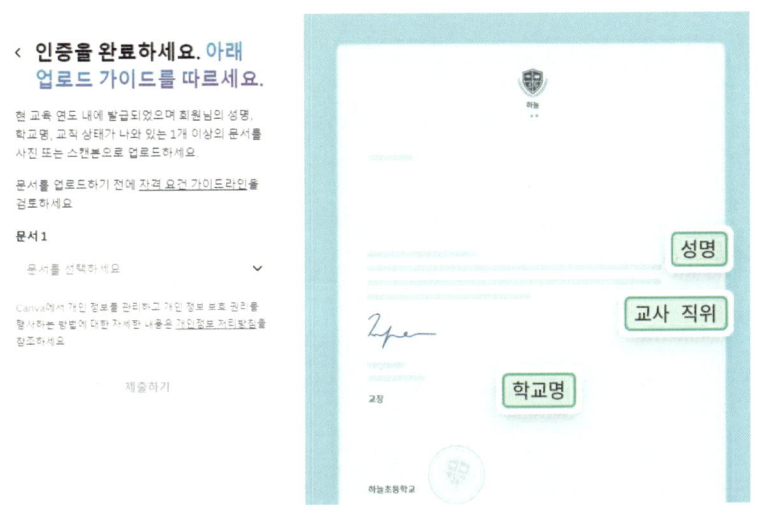

1. 캔바

(4) 48시간 이내 교사 인증 확인

교사 인증이 완료되면 소속 학교가 기재된다. 최근 3개월 이내의 증빙서류만 인증되며, 재직증명서 외에도 다른 증빙도 가능하다. 또한 아래 팝업 버튼을 선택하면 구독한 계정이 모두 보여, 선택할 수 있다. 학생의 로그인 계정이 교육용이 아닌 개인 무료로 되어 있는 경우, 교육용 계정으로 전환해야 수업에 참여할 수 있다.

1.4 캔바 가입 방법 및 기본 기능

1. 캔바 가입(로그인)

브라우저에서 '캔바'를 검색하거나 인터넷 주소창에 'canva.com'을 치고 들어가면 아래와 같은 창이 나타난다. 중앙의 [디자인 시작하기] 버튼이나 오른쪽 상단의 [가입] 버튼을 선택한다.

canva 이용 약관이 나오면 동의한 뒤 [동의 및 계속하기] 버튼을 선택한다.
간편 로그인 또는 회원가입이 나오면 편한 방법을 선택하여 계속한다.

1. 캔바

2. 캔바 홈화면 구성

캔바 홈화면의 몇 가지 주요 구성을 설명해 보자.

① **메뉴바**: 홈, 프로젝트, 템플릿, 브랜드 센터, 앱, 수업과제, 글로우 업 기능이 있다. 각각의 상세한 기능은 오른쪽 하단의 도움말 ? 을 선택하면 알 수 있다.

② **디자인 만들기**: 새로운 디자인을 만들 때 사용한다.
왼쪽 메뉴에서 디자인 양식(크기)을 선택하거나, 오른쪽에서 아이콘을 선택할 수도 있다. 검색을 통해 선택할 수도 있다.

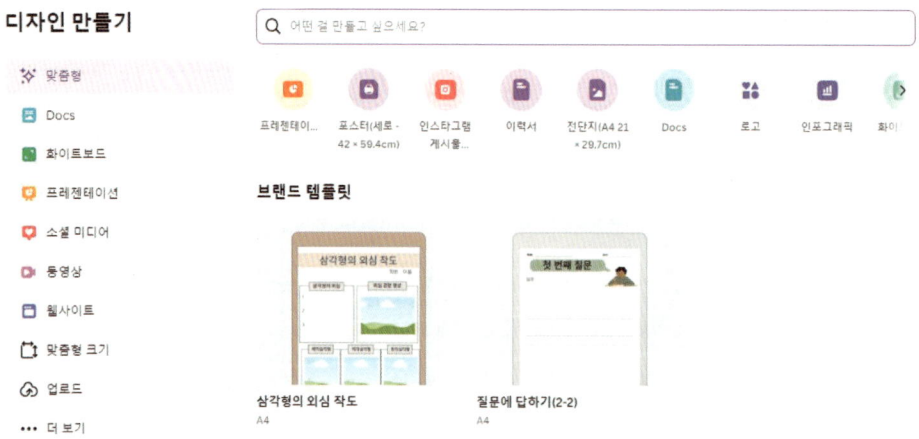

③ **내 콘텐츠 및 Canva 콘텐츠 검색**: 캔바의 디자인을 검색할 때 가장 많이 쓰는 메뉴이다. 템플릿을 선택하거나 디자인 만들기를 선택할 때 나오는 검색창과 같은 기능이다.

④ 설정, 알림, 마이페이지 등을 확인하고 수정할 수 있는 메뉴이다.

⑤ **디자인 양식**: 최근에 사용하거나 많이 사용되는 디자인 양식이 보여진다. 각각을 선택할 경우 바로 빈페이지의 디자인 편집화면으로 이동한다.

3. 디자인 편집화면 주요 구성

디자인 편집화면의 몇 가지 주요 구성을 설명해 보자. 아래는 홈화면에서 교육용 프레젠테이션을 선택했을 때의 화면이다.

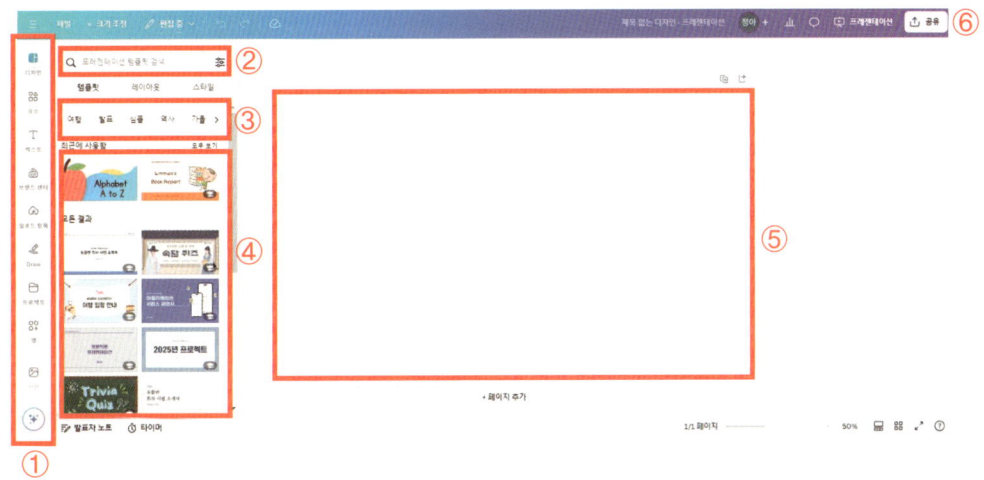

① **작업 메뉴바**: 디자인, 요소, 텍스트, 브랜드 센터, 업로드 항목, Draw, 프로젝트, 앱+, 사진, 빠른 작업의 기능이 있다.

② **템플릿 검색창**: 원하는 템플릿의 주제나 요소를 검색한다.

③ **키워드**: 자주 사용하는 키워드가 정리되어 있다.

④ **검색된 결과**: 검색된 결과를 선택하면 오른쪽 작업창에 적용된다.

⑤ **작업창**: 스케치북 역할을 하는 작업창이다.

⑥ **상단 메뉴바 오른쪽 구성**

"교사의 메뉴"에는 왼쪽부터 오른쪽으로 제목, 접속한 사람, 인사이트(조회수 등), 댓글기능, 프레젠테이션 기능, 공유 기능이 있다.

"학생의 메뉴"에는 프레젠테이션 기능 대신 교사에게 보내기 기능이 있어 교사에게 결과물을 제출할 수 있다.

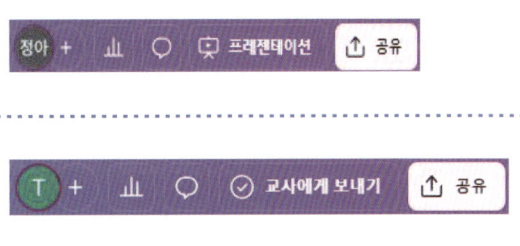

1. 캔바

1.5 기타 기능

1. 빠른 작업

(1) 왼쪽 하단에 있는 동그란 마크에 4개의 별이 있는 마크는 **[빠른 작업]**을 의미한다. 빠른 작업을 클릭하면 다음과 같은 화면이 나온다.

1) "무엇이든 검색하세요"는 검색하였을 때, 그래픽, 사진, 템플릿, 동영상, 디자인 등 검색어에 다양한 결과를 확인할 수 있다.

2) [Magic Write]는 교사들만 사용할 수 있는 기능으로, 생성형 AI 기능이다. 예를 들어, 다음과 같은 프롬프트를 작성하고 **[생성하기]**버튼을 클릭하면 다음과 같이 결과를 바로 확인할 수 있다.

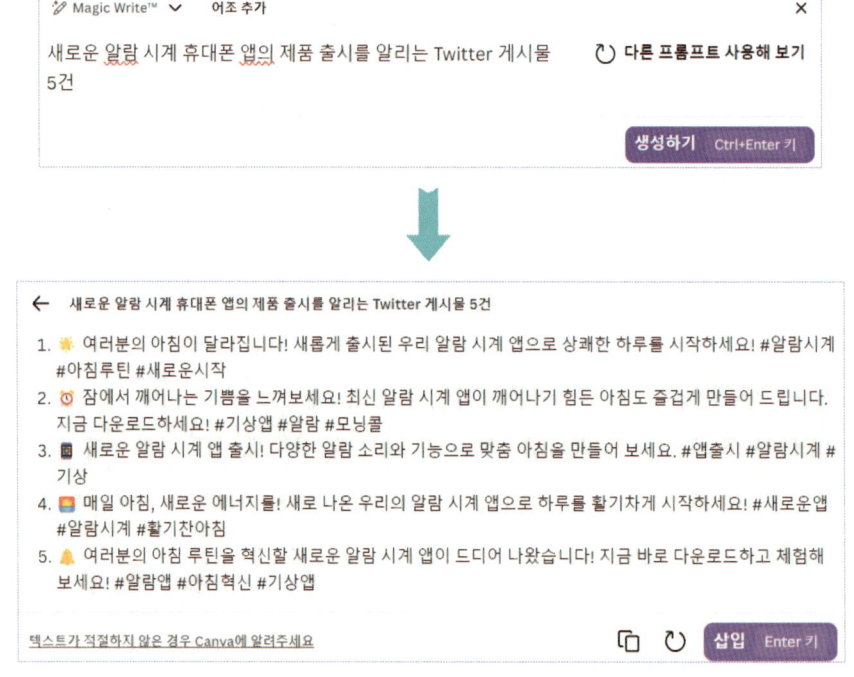

이때 어조 추가의 기능이 있는데, 샘플 텍스트에 추가를 하면 어조를 분석하여 준다. 단 250자 이상의 샘플 텍스트를 추가해야 한다.

3) [더보기]를 클릭하면 캔바의 다양한 기능들을 확인할 수 있으며, 클릭한 메뉴와 연관이 있는 기능들로 자동추천된다.
4) 더보기 아래에는 "디자인에 어울리는 그래픽"과 "디자인에 어울리는 사진"을 자동 추천해 주는 AI기능을 지니고 있다.

1. 캔바

2. 오른쪽 하단 기능 소개

(1) 화면 보기 기능

(2)  (프레젠테이션) 기능

캔바를 이용하여 전체 화면 프레젠테이션을 하기 위한 단축키는 [Ctrl]+[Alt]+[P] 이다. 전체 화면 프레젠테이션 오른쪽 하단에 다양한 기능들이 있다.

1) 🔍 (돋보기) 기능

프레젠테이션을 확대하여 볼 수 있으며, 100%에서 1000%까지 가능하다.

2) ⌨ (매직 단축키)기능

매직단축키에는 흐리기, 조용히, 비눗방울, 색종이폭죽, 드럼소리, 커튼, 마이크드롭 등의 기능이 있으며 단축키를 통하여 버튼 하나로 프레젠테이션에 특수 효과를 넣을 수 있다. 특히 흐리기나 커튼의 경우 화면을 가려주는 기능으로 미리 화면을 보지 않도록 할 때 유용하다.

3) 📡 (Canva 라이브를 통한 대화형 Q&A)기능

우측에 Canva라이브가 나오며 [새 세션 시작하기]를 클릭하면 화면 상단에 QR코드 스캔화면이 뜬다. QR코드를 스캔하거나 canva.live로 이동하여 새 세션의 입력 코드를 작성하면 오른쪽에 대화창이 생성되어 대화가 가능하다.

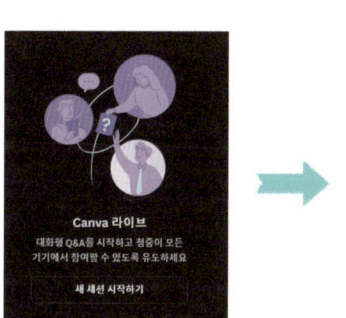 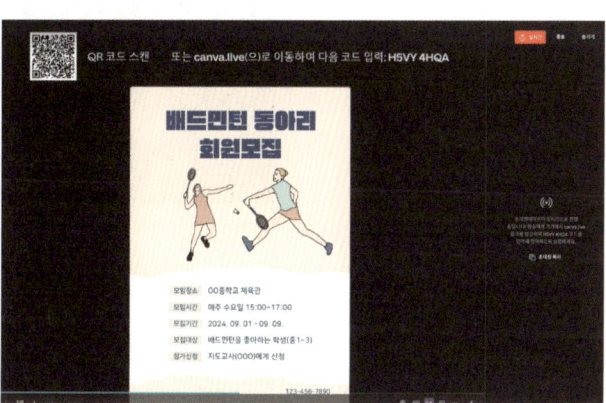

1. 캔바

4) ▣ (발표자 창)기능

발표자 창에는 현재 시간, 소요시간, 참고할 수 있는 발표자 기록창이 있어 프레젠테이션 화면 별로 발표 시나리오를 작성할 수 있다.

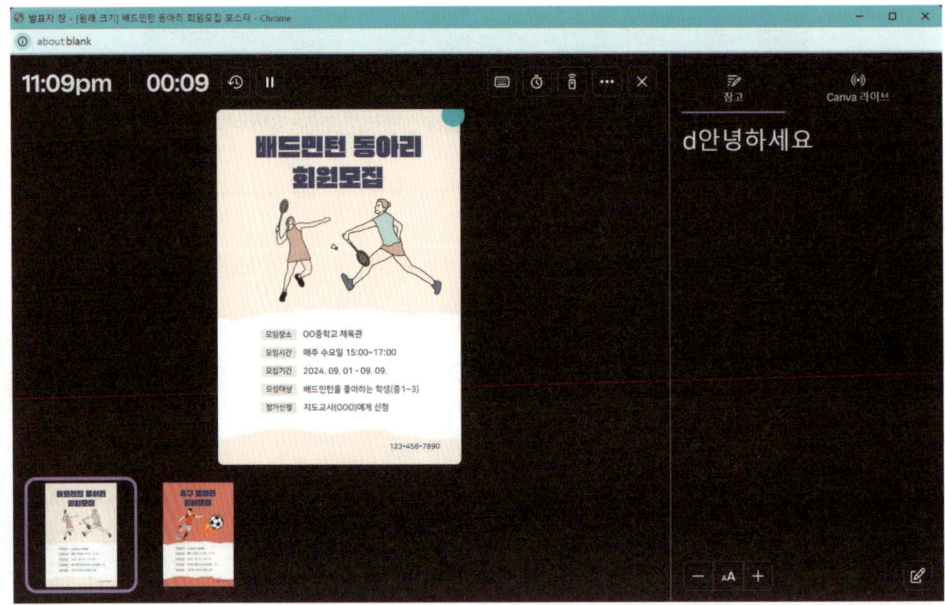

5) 그밖에 [타이머 보기]는 프레젠테이션 우측 상단에 타이머를 조절할 수 있어 발표에 유용하며 [Magic Cursor 숨기기]는 프레젠테이션을 할 때 마우스 끝에 있는 청록색 원을 제거할 수 있다.

(3) ❓ (Canva에 질문하기) 기능

Canva에 질문하기 기능은 Canva 기능 사용 방법을 설명하고, 편집에 대한 질문에 답변하고, 청구 문제에 도움을 주는 기능으로 AI 기반이며 질문을 할 때 음성 인식으로도 가능하다. 다만 Canva의 주요 기능들은 영어로 설명된다.

예시)

캔바에서 수업을 학생들에게 할당하는 방법을 가르쳐주세요.

수업을 학생들에게 할당하는 기능은 현재 **Print** 문서 유형에서는 사용할 수 없습니다. 대신 **Docs, Whiteboard, Presentation, Social media, Website, Video** 문서 유형을 사용해 보세요.

수업을 할당하는 방법은 다음과 같습니다:

1. 상단 메뉴에서 **Share**를 선택하세요.
2. **Assignment**를 선택하세요.
3. **Choose where students should submit work**에서 **Canva**를 선택하세요.
4. **Share as**에서 **New design for each student**를 선택하세요.
5. 과제 지침을 추가하세요. 이 지침은 과제 템플릿에 첨부되며 학생들이 볼 수 있습니다. **Next**를 선택하세요.
6. 과제를 할당할 대상을 선택하세요. **text field**에 클래스, 그룹 또는 개별 학생 이름을 입력하세요.
7. **Publish**를 선택하세요.

이제 학생들에게 수업이 할당되었습니다.

1. 캔바

1.6 학생 지도를 위한 수업 개설하기

캔바에서 학생을 초대하여 수업을 진행하기 위해서는 수업을 개설해야 한다. 이는 구글 클래스룸에서 클래스를 구성하는 것과 같다고 할 수 있다.

1. 방법1: 프로젝트 〉 + 새항목 추가 〉 수업 〉 새 레슨

수업을 추가하면 **프로젝트** 〉 폴더에서 해당 **수업** 폴더를 찾을 수 있다.

[+ 새 항목 추가]를 활용하여 디자인을 추가하고, 폴더를 추가할 수 있다. 추가한 디자인과 폴더는 하단의 활동 목록에 추가된다. 폴더를 추가할 때, 폴더 별, 디자인 별로 액세스 권한을 각각 부여할 수 있고, 폴더 안에 폴더를 추가하는 것도 가능하다. 또한 [활동] 영역에서 디자인이나 폴더를 추가하는 것도 가능하다.

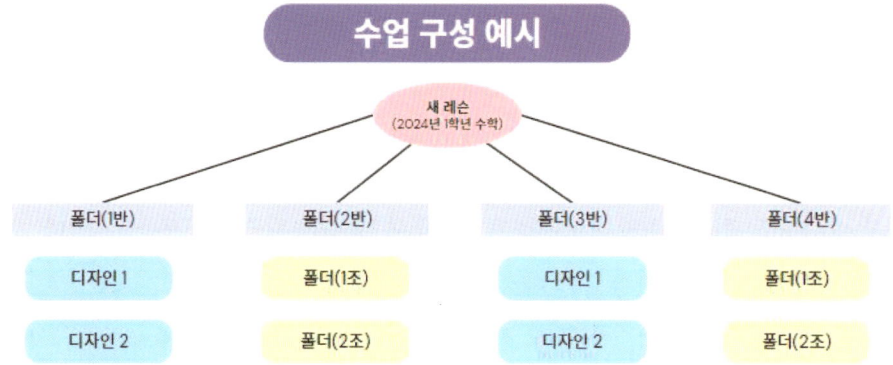

2. 방법2: 오른쪽 상단 설정 버튼 > 왼쪽 수업 메뉴 > 오른쪽 상단 수업 만들기 버튼 > 수업 이름 작성 > 계속 버튼 > 사용자 초대 방법 선택

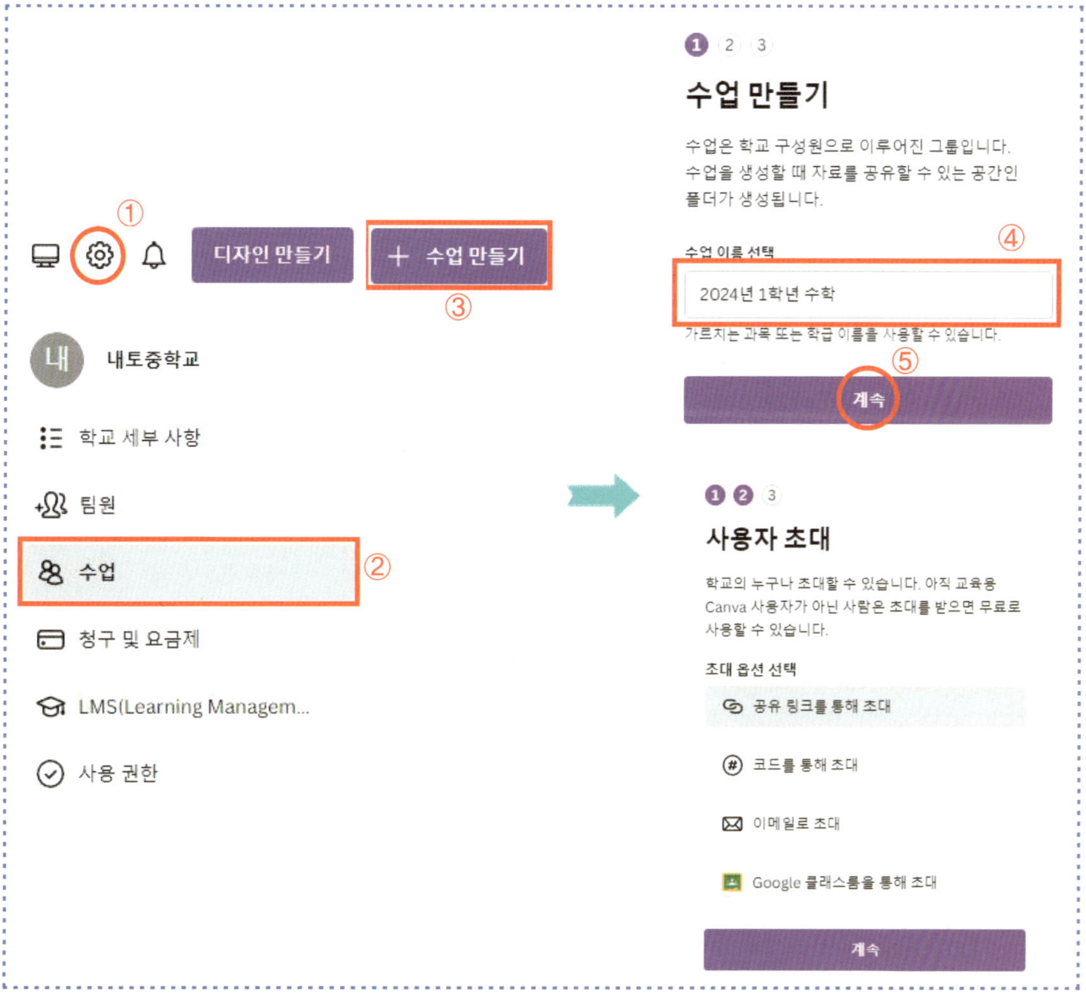

17

1. 캔바

1.7 사용자 초대

1. 공유 링크를 통해 초대

초대 링크 받기를 선택하면 링크를 복사하고 학생들에게 초대 링크를 배포할 수 있다. 구글 클래스룸, 팀즈, 리마인드 버튼을 누르면 바로 연계할 수도 있다.

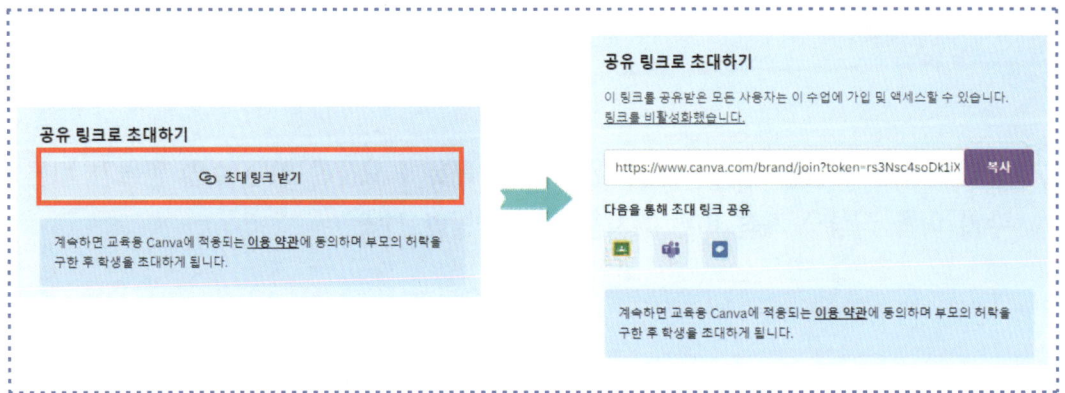

2. 코드를 통해 초대

코드로 초대하는 경우는 학생들이 캔바에 접속하여 코드를 입력할 수 있다.

코드는 5시간 후 자동으로 새로고침됨에 유의해야 한다.

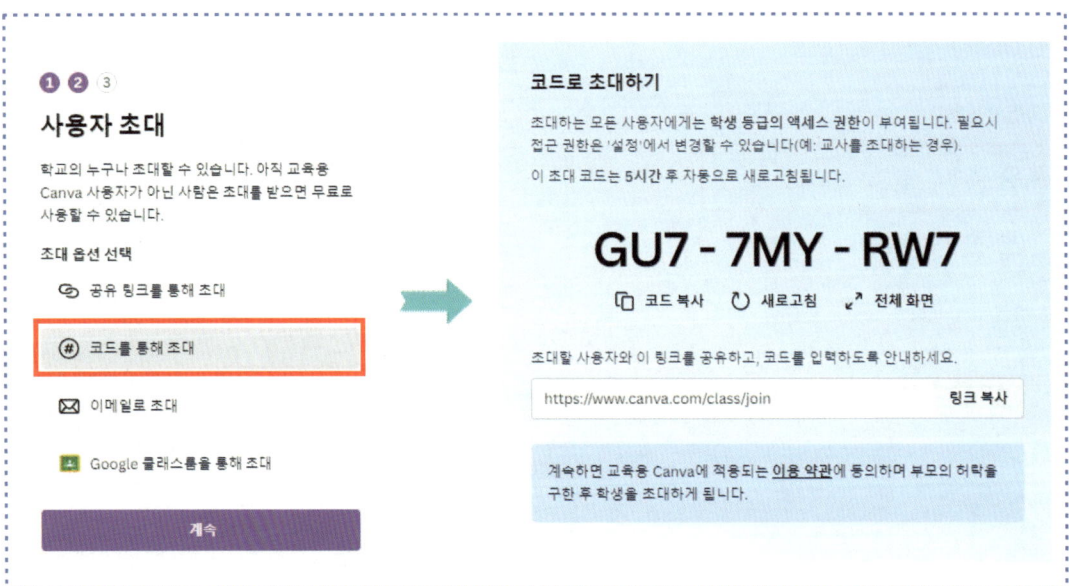

3. 기타 방법으로 초대

학생들의 '이메일'을 입력하여 초대할 수도 있고 구글 클래스룸을 통해 학생 정보를 불러 초대할 수도 있다.

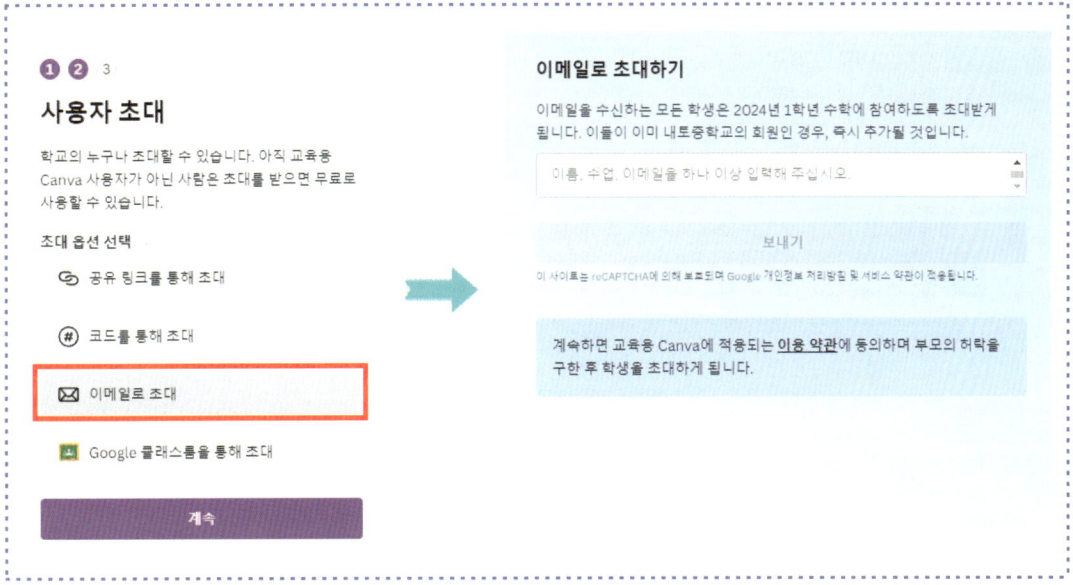

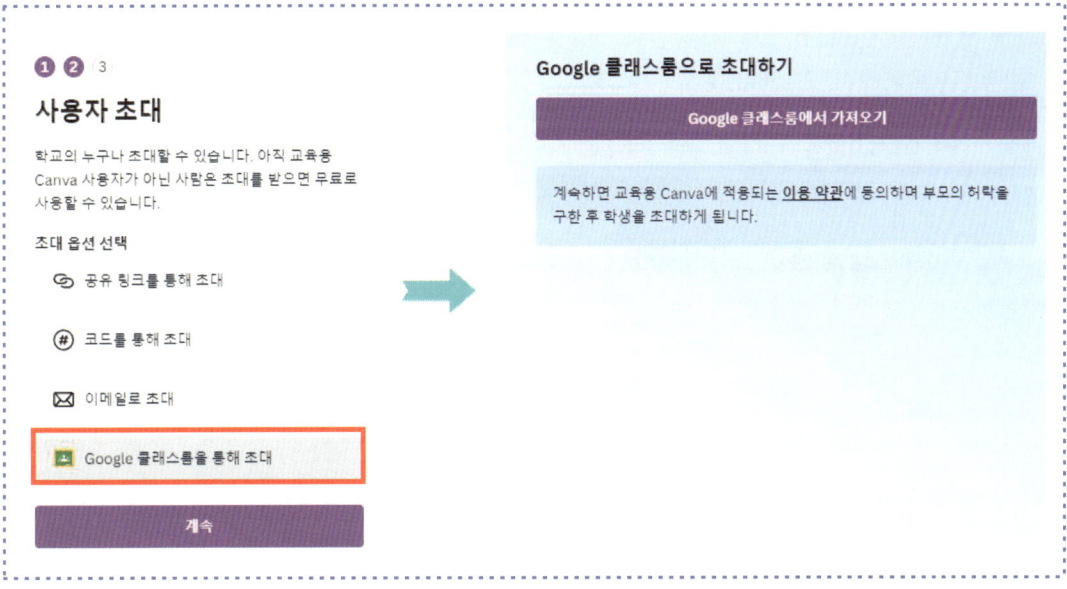

1. 캔바

4. 링크를 통해 들어온 학생 화면

링크를 클릭한 학생들은 로그인을 하고, 메일로 전송된 코드를 입력하여 가입을 완료한다.

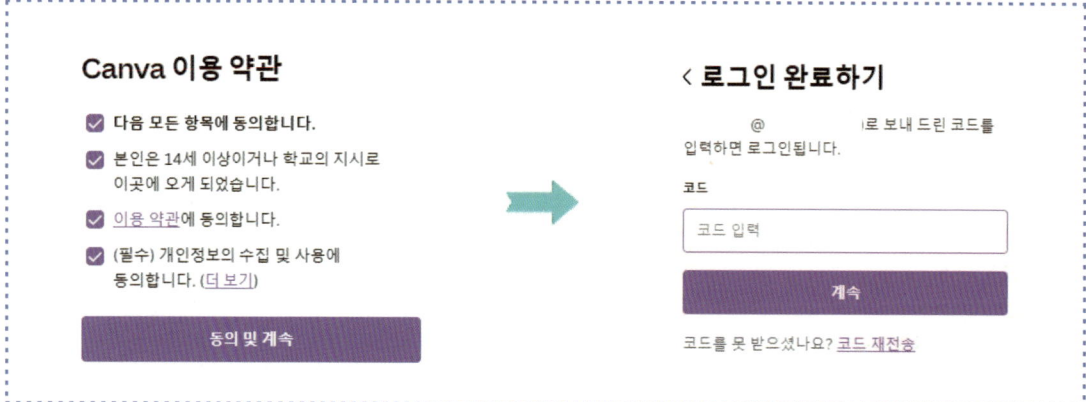

로그인을 완료하면 학교 구독을 환영하는 문구가 나오고, 학교 이름과 교육용이라는 문구가 표시되어야 하는데, 오류로 인해 개인 사용자로 로그인이 되는 경우가 있다. 이러한 경우 링크를 다시 한번 클릭하면 해결된다.

1.8 개설된 수업 확인

1. 설정 메뉴에서 확인 및 편집

사용자 초대창을 닫으면 설정의 수업 메뉴를 선택했을 경우 오른쪽에 개설한 수업이 나열된다. 한 학년을 한 개의 수업으로 개설하여 그룹을 나누어 운영하거나, 한 개의 반을 한 개의 수업으로 개설하는 것은 취향에 따라 정하면 된다.

만들어진 수업을 선택하면 다음과 같은 작업을 수행할 수 있다.

- 수업 이름 변경
- 사용자(회원) 초대
- 수업 삭제
- 회원의 수업에서의 역할 변경
- 회원의 이메일 복사
- 회원 삭제

1. 캔바

1.9 수업

1. [수업 추가] 메뉴 활용

학생과 수업을 진행하는 방법으로 수업 폴더를 추가하여 진행하는 방법이 있다. 최근 캔바에 추가된 기능이다. 수업에 대한 설명과 활동 자료 탑재, 활동 경험, 액세스를 확인할 수 있으며, 보고서 기능을 통해 학생 수업 참여 진행도를 파악할 수 있다.

(1) 수업 추가하기

홈화면에서 [프로젝트] 메뉴를 선택하고 우측 [+새항목추가]를 선택한다.

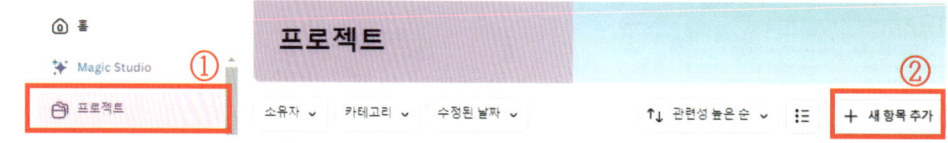

[수업]을 선택한다.

새로운 화면이 만들어진다. 화면 구성을 살펴보면 새 항목 추가, 공유, 수업 할당, 더보기 기능이 있다. 수업 제목을 변경할 수 있는 부분과 수업에 대한 설명, 활동 등록, 보고서 탭이 만들어진 것을 확인할 수 있다.

교사가 진행하고자 하는 수업에 대한 제목은 [새 레슨]을 클릭하면 손쉽게 변경할 수 있다. 어떤 수업을 진행하고자 하는지에 대한 간단한 설명은 굵게 표현된 [설명] 아래에 적혀 있는 "학생을

대상으로 이 레슨의 과정을 안내하는 지침을 추가하세요" 부문에 마우스를 가지고 가면 마우스 포인터가 손가락 모양으로 변경되면서 밑줄이 활성화된다. 클릭하면 내용을 1000자 내외로 작성할 수 있다.

[새 레슨]이라고 적혀있는 부분에 프로젝트 이름을 입력하고 설명을 추가한다.

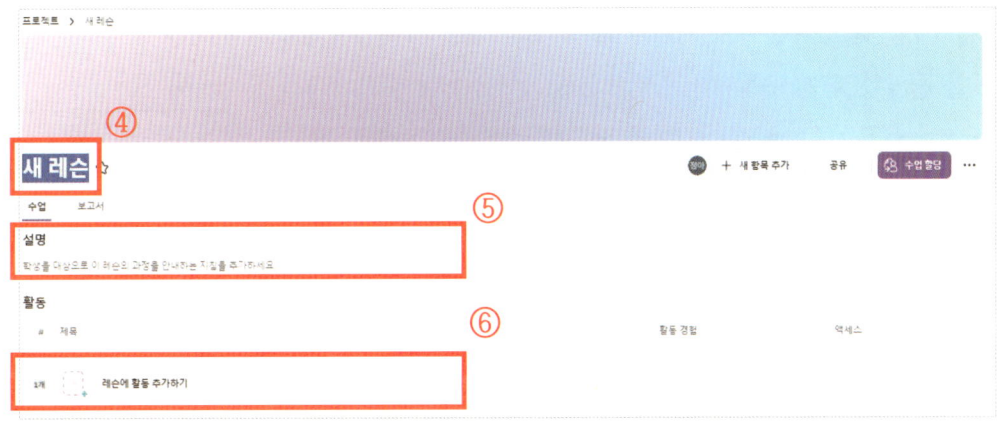

(2) 활동 추가하기

학생들에게 제공할 수업 활동을 등록할 수 있다. '레슨에 활동 추가하기'에서 마우스 왼쪽 버튼을 누르면 '새 항목 추가' 화면이 활성화되면서 자료 살펴보기, 새로 만들기, 디자인 선택, 업로드, 앱에서 가져오기가 활성화된다.

자료 살펴보기를 클릭하면 캔바에서 기본적으로 제공하고 있는 템플릿과 학습 자료를 확인할 수 있다. 과목(영문학, 수학, 과학, 시각 예술, 디자인, 사회학), 학년(유치원, 초등학교, 중학교, 고등학교), 자료 유형(프레젠테이션, 포스터, 워크시트 및 활동 등)으로 범주화되어 있다.

1. 캔바

(3) 수업 추가하기 - 새로만들기

[새로 만들기]를 선택하면 수업에 사용할 자료를 선택할 수 있는 화면이 활성화된다. 검색란에 수업과 관련된 키워드를 작성하면 관련된 항목이 검색된다.

원하는 항목을 클릭하면 다음과 같이 새롭게 화면이 구성된다. 다음은 "과학"을 검색한 후에 나온 목록 중에서 "과학 그래픽 구성 도구"를 클릭한 화면 구성이다.

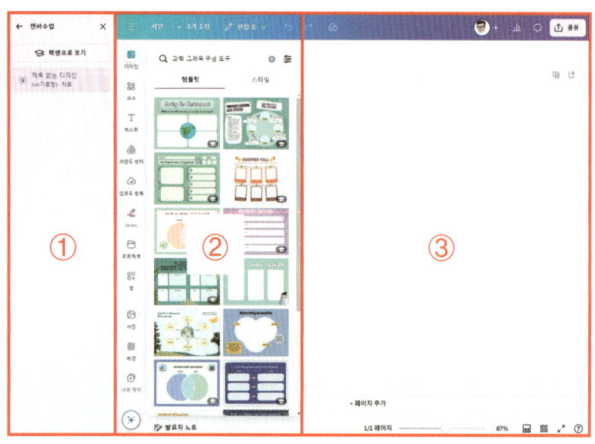

화면 구성을 살펴보면 크게 세 영역으로 나누어진 것을 확인할 수 있다.
①은 교사가 구성한 수업 구성에 따른 자료가 순차적으로 나타난다.
②는 캔바 기본 메뉴이다.
③은 직접 제작하는 활동공간이다. 여기에 수업하고자 하는 내용을 작성하면 된다.

화면을 구성한 후에 저장하고자 하는 제목을 지정해 준다.

'제목 없는 디자인 제목 없는 디자인 - A4(가로형) '을 클릭하고 제목을 입력해주면 된다.

제목을 "화면 구성 방법"으로 지정한 후 새로고침 하였을 때 화면의 일부이다.

① 영역에서 "제목없는 디자인"이 "화면 구성 방법"으로 바뀐 것을 확인할 수 있다.

(4) 학생으로 보기 - 편집으로 돌아가기

수업 자료를 다 제작한 후 [학생으로 보기] 버튼을 클릭하면 학생에게 제공되는 자료를 확인할 수 있다.

학생으로 보기로 확인 후 편집화면으로 돌아오는 방법은 [편집으로 돌아가기] 버튼을 클릭하면 된다.

수업 자료 제작이 완료된 후 수업 초기 화면으로 돌아가는 방법은 오른쪽 상단의 [돌아가기] 버튼을 누르면 된다.

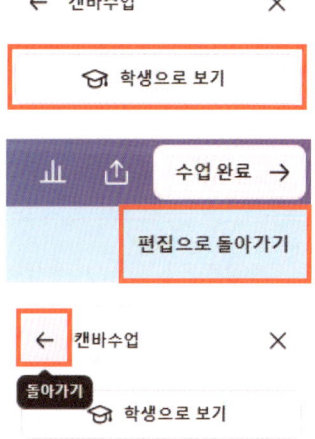

돌아가기 버튼을 눌러서 초기 수업 화면으로 돌아오면 활동에 작업했던 내용으로 구성된 것을 확인할 수 있다.

(5) 활동경험 - 자료

활동 경험을 보면 자료로 표현되어 있다. [자료]를 클릭하면 학생에게 제공할 수 있는 유형이 크게 두 가지로 구성되어 있음을 확인할 수 있다. '자료'는 학생들에게 안내하거나 전체 작업할 때 활용할 수 있으며, '단독 작업'은 학생에게 사본을 배포하고 학생 개별로 작업 후 교사에게 공유할 수 있는 유형이다. 자료는 주로 수업 안내용, 단독 작업은 학생 제출용으로 활용할 수 있다.

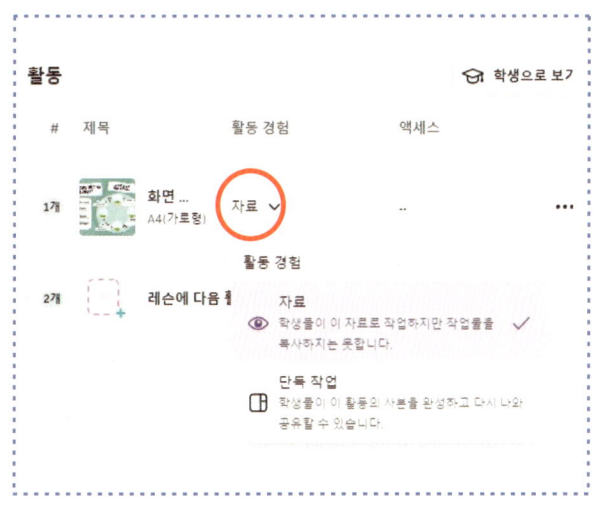

1. 캔바

사전에 만들어 놓은 디자인을 활용하여 단독 작업을 하도록 하는 방법은 다음과 같다.

(6) 수업 추가하기 - 기존 디자인 활용

[레슨에 활동 추가하기]를 선택하여 새 항목을 추가한다.

미리 만들어 놓은 양식이 있으면 [디자인 선택]-[내 프로젝트]를 선택한다.

원하는 디자인을 선택한 후 [이동]버튼을 누른다.

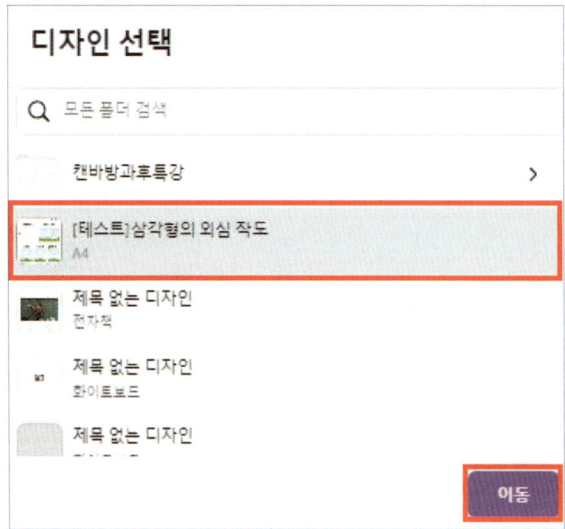

(7) 활동경험 - 단독작업

활동 경험을 [단독 작업]으로 변경한다. 단독작업으로 설정하는 경우 학생이 선택했을 때, 각자의 사본으로 저장되어 개별 편집을 할 수 있다.

(8) 수업 할당 - 수업 만들기

학생에게 수업을 할당하는 방법은 우측에 있는 [수업 할당] 버튼을 클릭하면 된다. 수업을 할당하는 방법은 두 가지 방법이 있다. 하나는 '수업 만들기를 통해 새로운 회원으로 구성하는 방법'이며, 또 다른 하나는 '같은 그룹에 있는 회원으로 한정 짓는 방법'이다.

'프로젝트 이름' 우측의 [수업 할당] 메뉴를 선택한다. [수업 만들기]를 클릭하고 학급 이름을 지정

한다. 수업 회원을 검색하여 추가하거나 링크를 통해 학생 추가하기가 가능하다. 수업 회원 검색은 같은 그룹에 소속되어 있으면 등록되어 있는 이름을 검색하여 추가할 수 있다. 링크를 통해 학생 추가하기를 누르면 링크가 만들어지고 초대 링크 복사를 하여 추가할 수 있다.

1. 캔바

(9) 수업 할당 - 기존 학생 또는 학급 추가

수업을 할당하는 또 다른 방법을 알아보자.

'기존 학생 또는 학급 추가'란에 수업 이름을 넣어 학급을 추가하고 [할당]을 선택한다. 여러 학급을 한꺼번에 할당할 수도 있다. 할당을 완료하면 '수업 준비가 완료되었습니다.'라는 문구가 뜬다.

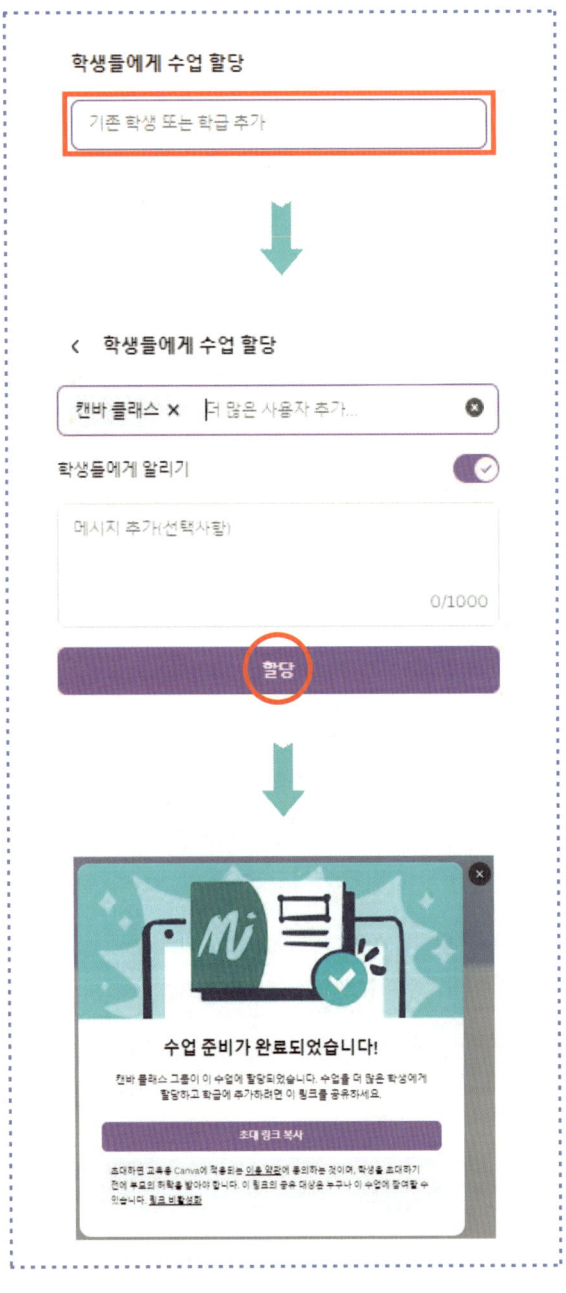

(10) 학생 화면

수업이 할당된 학생 화면

홈화면에서 [프로젝트] 메뉴를 선택하여 폴더를 선택한다.

'프로젝트 이름'으로 된 폴더를 선택한다.

'활동'에 저장되어 있는 디자인을 선택하면 사본이 저장되고, 수정하여 제출할 수 있다.

1. 캔바

제목을 수정하고 디자인을 완성한 뒤, [수업 완료] 버튼을 선택한다.

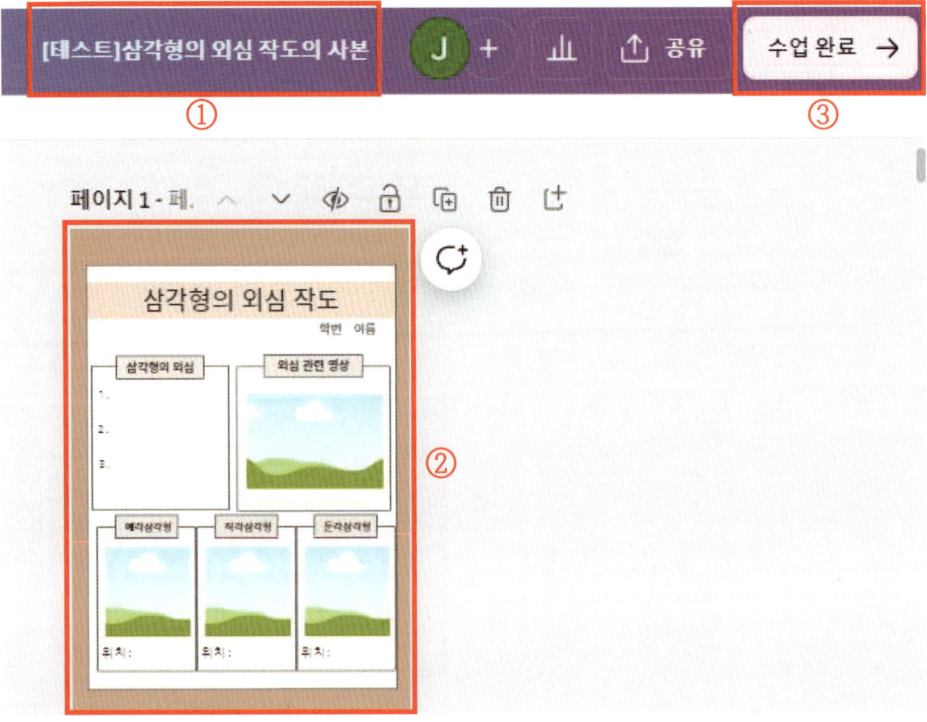

[교사에게 보내기] - [교사] 선택 - [보내기] 선택

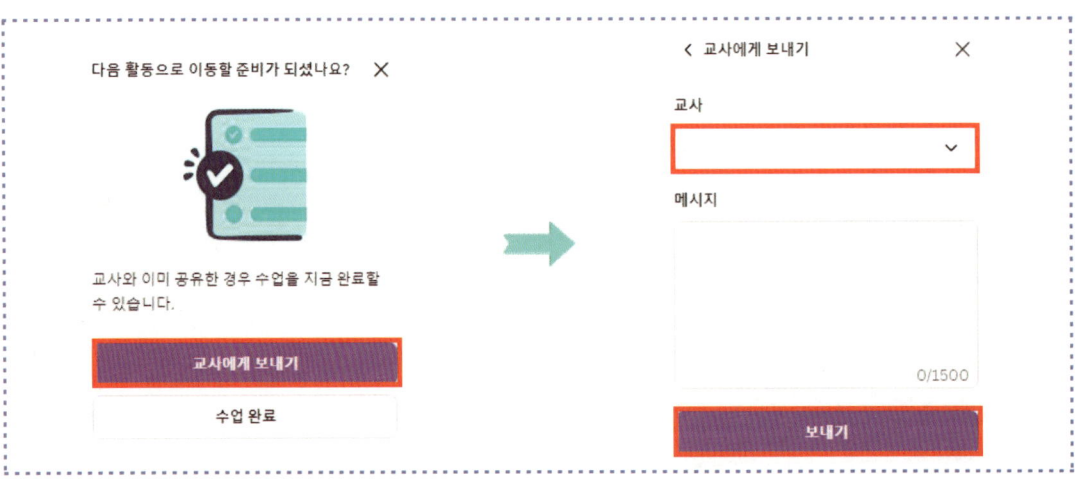

[보내기]를 완료하면 '수업을 완료했습니다.'라는 문구가 뜨고, [완료] 버튼을 선택하면 아래 오른쪽과 같은 화면이 나온다. 디자인을 선택하여 수정한 뒤 다시 제출할 수 있다.

제출 직후에는 '교사가 검토 중'이라고 기재되며, 교사 검토 완료 시 '검토 완료'라고 기재된다.

2. 공유 - [과제] 버튼 이용

1. 캔바

[과제]를 선택한 경우 아래와 같은 옵션창이 뜬다. 캔바를 선택해보자.

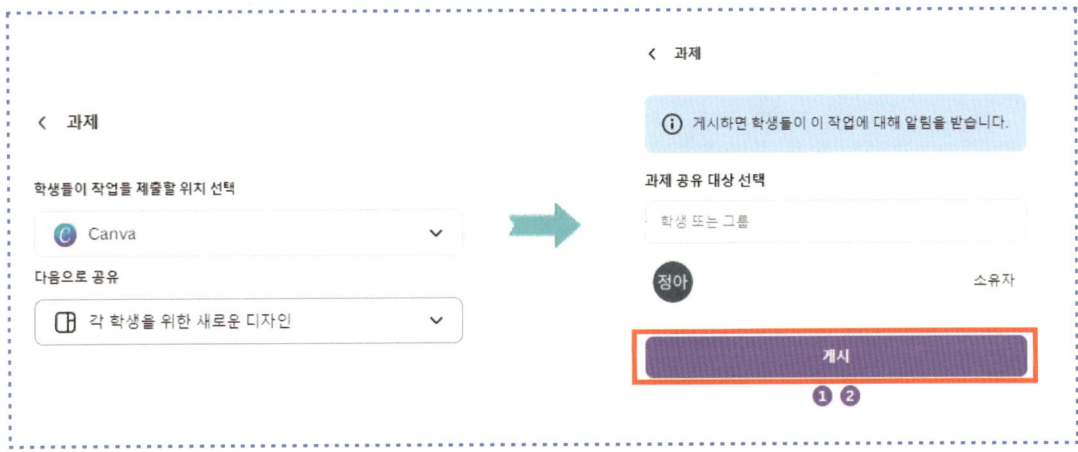

이러한 경우 '각 학생을 위한 새로운 디자인' 문구가 나오고, 이는 학생들이 각자 사본을 활용하여 편집을 하는 방법이다.

과제를 게시할 학생 또는 그룹(수업)을 선택하고 [게시]버튼을 선택한다.
선택받은 학생은 알림 메시지를 통해 확인하고 디자인을 편집할 수 있다.

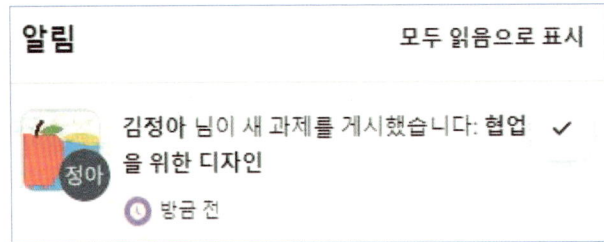

1.10 학생 입장에서 수업에 참가하기

학생 입장에서 초대된 링크를 통해 접속했을 때 화면 구성을 살펴보자. 학생이 최근에 작업한 내용이 있으면 캔바에 로그인하면 최근 디자인이 첫 화면에 나타난다.

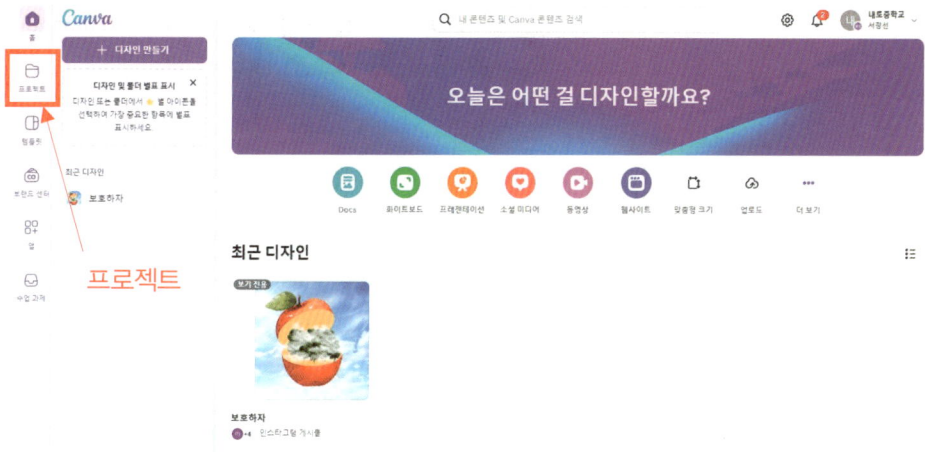

프로젝트를 클릭하고 본인이 수강하는 수업 폴더를 클릭한다. 그러면 학생은 해당 수업의 활동과 내용을 확인할 수 있으며, 레슨 시작하기 버튼을 통해 수업에 참여할 수 있다.

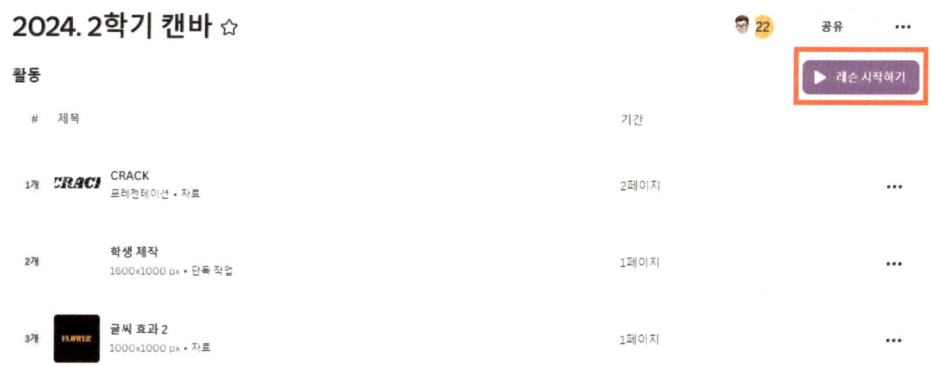

수업에 참여하면 학생은 교사가 미리 제작해둔 수업 흐름에 맞추어 내용을 확인할 수 있다. 화면 구성을 보면 크게 3개의 영역으로 구분할 수 있다. ① 영역은 수업의 흐름, 활동 경험 유형(자료, 단독작업)을 확인할 수 있다. ② 영역에서는 주어진 자료에 따라 보기 모드, 댓글 모드, 편집 모드를 확인 가능하며 공유된 사람, 공유 활동이 가능하다. 주어진 자료를 확인 후 다음 활동을 눌러 다음 활동으로 넘어갈 수 있다. ③ 영역은 주어진 자료의 내용을 파악하거나 캔바 작업을

1. 캔바

할 수 있는 영역이다.

학생들이 다음 활동 내용을 확인하는 방법은 ① 영역에서 다음 활동을 클릭하여 확인하는 방법과 ② 영역에서 다음 활동 버튼을 누르는 방법이 있다. 두 방법 모두 다음 활동 내용을 파악할 수 있지만, 학생이 주어진 자료와 활동을 했는지 파악되는 부분에서 다르다.

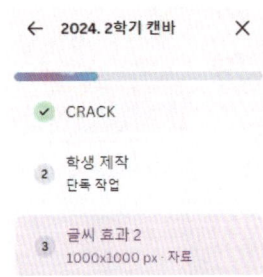

① 영역에서 1번 활동 CRACK에서 다음 활동을 눌렀을 때는 내용을 확인하였다는 표시로 체크 표시가 나타난다. 2번 활동을 하였지만, 다음 활동을 누르지 않고 3번 활동 내용으로 넘어간 경우 체크 표시가 활성화 되지 않음을 확인할 수 있다. 이런 경우 교사에게도 학생은 활동을 하지 않은 것으로 확인된다.

학생 단독 작업을 한 경우에는 학생이 교사에게 디자인을 공유하여야 한다. ② 영역에서 [공유] 버튼을 누르면 디자인을 공유할 수 있는 여러 가지 옵션이 제시된다. 여기에서 [교사에게 보내기]를 누르면 된다. 교사가 여러 명이면 학생이 제출할 교사를 선택하고, 간단하게 메시지를 작성하여 보낼 수 있다. 또는 [다음 활동]을 누르면 교사에게 보내기 버튼이 나타난다.

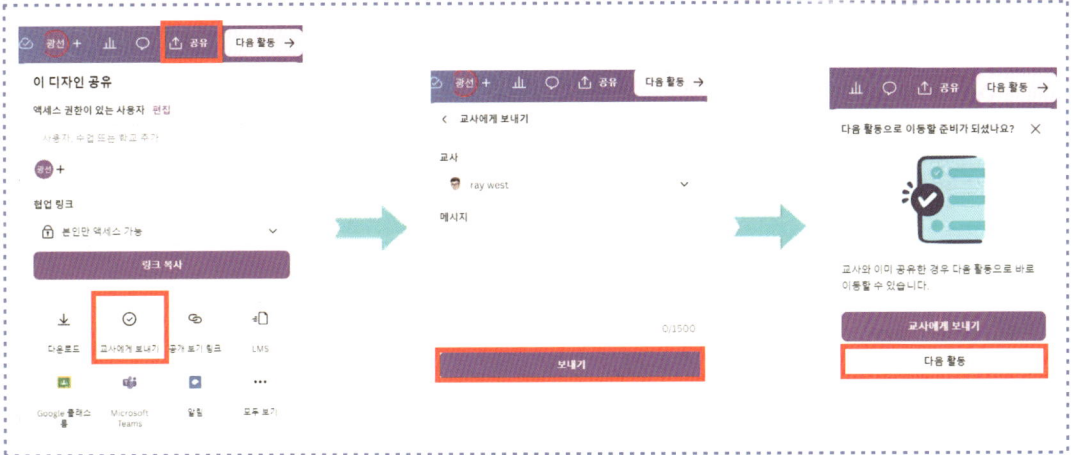

학생 활동을 다하면 다음 활동 버튼이 '수업 완료'로 바뀌게 된다. [**수업 완료**] 버튼을 누르면 캔바에서 축하하는 팝업 화면을 볼 수 있다. 수업이 완료가 되면 프로젝트 화면은 수업을 복습할 수 있도록 변경된다.

만약에 수업을 도중에 나오게 되면, 학생 프로젝트 화면은 활동 진행도를 알려주는 상태가 표시된다.

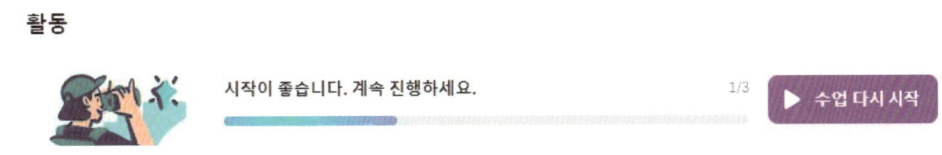

1. 캔바

1.11 학생 과제 및 보고서 확인

1. 알림 메시지에서 확인

우측 상단의 알림 🔔 에서 확인할 수 있다.

알림 메시지를 선택하면 학생이 제출한 과제를 검토할 수 있다. 학생 작품을 수정할 수 있으며, 학생도 동시에 수정할 수 있다.

- 피드백 보내기: 학생에게 피드백 메시지를 적어 피드백을 보낼 수 있다. 피드백을 받은 학생은 과제를 수정하여 다시 제출할 수 있다.
- '완료'로 표시: 더 이상 수정이 필요 없는 과제는 '완료' 처리한다.

2. [수업 과제]에서 확인

왼쪽 메뉴바의 수업 과제 📩 를 선택한다.

하나의 수업에 제출한 과제가 모두 들어있음을 알 수 있다. '상태' 메세지에 완료된 과제 수, 검토 준비 완료된 과제 수, 피드백 제공 완료된 과제 수가 표기되어 있다.

제목을 선택하면 학생들의 과제 상태가 나타나고 하나씩 선택해서 검토할 수 있다.

3. 레슨의 보고서 탭에서 확인

교사는 보고서탭을 통해 진행하고 있는 수업의 참여도를 확인할 수 있다. 요약을 통해 할당되었으나 활동을 하고 있지 않은 학생, 활동을 진행하고 있는 학생, 활동이 완료된 학생을 확인할 수 있다. 각 학생별로 작업을 마지막으로 완료한 시간과 완료된 활동 내용을 파악할 수 있다.

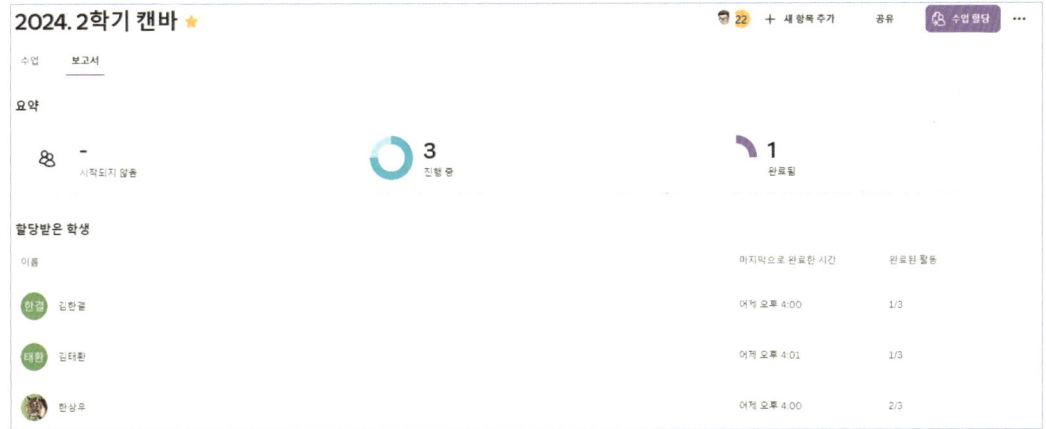

1. 캔바

1.12 액세스 권한 부여를 통한 협업

액세스 권한을 부여하는 경우는 사전에 협업을 위한 디자인을 완성해 놓고, 권한을 부여하여 하나의 디자인을 여러 명이 협업을 통해 완성하는 경우이다.

1. 액세스 권한 부여 버튼 이용

우측 상단의 ⊕ 버튼을 선택하자.

먼저 바로 권한을 부여할 사람을 추가하는 방법을 알아보자. 버튼을 "이름, 수업 또는 이메일 추가" 선택하여 권한을 부여한다.

권한을 부여받은 학생은 알림 메시지에서 공유된 디자인을 확인할 수 있으며, 메시지를 선택하면 디자인을 함께 편집할 수 있다.

이번에는 [수업 만들기]를 선택해보자.

'학급 이름을 지정'하고, [새로운 수업 만들기] 버튼을 선택한다.

수업 만들기를 선택하면 앞서 한 것과 같이 권한을 부여할 수 있고, 같은 방법으로 학생들은 알림 메시지를 통해 협업을 진행할 수 있다.

협업 하는 학생 중 1명이 교사에게 과제를 전송하면, 나머지 학생들에게는 "의견을 기다리는 중"이라고 뜨는데, 추가로 수정하여 다시 교사에게 전송할 수 있다. 교사에게는 가장 마지막에 전송된 내용이 보인다.

2. 공유 버튼 이용

[공유] 버튼을 누르는 경우 [액세스 권한이 있는 사용자] 부분은 (1)의 내용과 동일하므로 [협업 링크]를 활용하는 방법을 안내하고자 한다.

'추가된 사용자만 액세스 가능' 부분을 선택해서 '링크가 있는 모든 사용자'로 바꾸고, '편집 가능'의 권한을 부여한다.

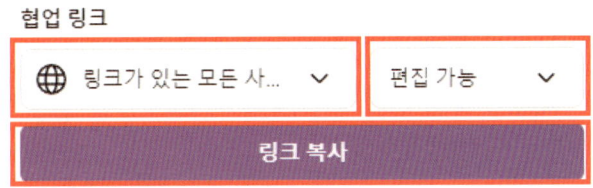

[링크 복사] 버튼을 눌러 링크를 학생들에게 공유하면 학생들이 링크를 통해 해당 디자인으로 모여 협업할 수 있다.

다음 장에서는 [공유] 버튼을 선택했을 경우, 하단의 [과제] 메뉴를 선택한 경우를 알아보도록 하자.

1. 캔바

1.13 폴더

1. 폴더로 디자인 정리하기

여러 프로젝트의 디자인을 구분하여 정리하기 위해 폴더를 만들어 정리한다.

프로젝트 > 폴더 선택 > + 새 항목 추가 선택 > 폴더 선택

[폴더 이름], [학교 회원 초대]에서 권한을 부여할 개인이나 그룹을 선택하고, 권한은 [편집]을 부여한다.

이런 경우, 초대받은 회원은 폴더의 모든 디자인을 편집할 수 있다. 초대받은 회원은 **프로젝트 > 폴더**에서 해당 폴더를 찾을 수 있다.

폴더를 만들 때, 회원을 초대하지 않고(선택사항임) 디자인별로 권한을 부여하거나 공유하여 협업하거나 과제를 부여할 수 있다.

이제 폴더에 디자인을 추가해보자. 폴더에 아무 디자인이 없는 경우 중앙의 버튼을 활용한다.

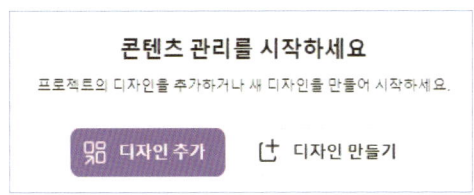

2. 새로운 교육 동영상을 폴더에 추가하기

새로운 디자인을 만들기 위해서는 [디자인 만들기]를 선택하여 [교육 동영상]을 선택한다.

왼쪽의 동영상 템플릿 중 맘에 드는 영상을 선택하고, [모든 페이지에 적용] 버튼을 선택한다. 이후 또 다른 디자인(동영상)을 추가하려면 [+새항목 추가] 버튼을 선택한다.

1. 캔바

액세스 권한을 부여받는 학생은 교사가 폴더 안에 만들어 놓은 동영상을 모두 확인하고 협업을 하거나, 사본을 저장하여 개별 편집을 할 수 있다.

3. 기존 디자인을 폴더에 추가하기

[디자인 추가]의 경우, 사전에 만들어 놓은 디자인을 추가할 때 사용한다.

디자인 추가 선택 > 디자인 선택 > 내 프로젝트에서 기존에 만들어 놓은 '현수막 프로젝트' 선택 (프로젝트 만드는 방법은 다음 장 참조) **> 이동**

학생들은 폴더의 디자인을 선택하여 다음과 같이 수정을 할 수 있다.

협업이 아닌 개별 작업을 하는 경우, 학생들이 공유된 디자인의 사본을 저장하여 작업할 수 있도록 한다. 학생들이 원본을 훼손할 수 있으므로, 학생들에게 디자인을 배포하기 전 반드시 사본 만들기를 통해 원본을 보관한다.

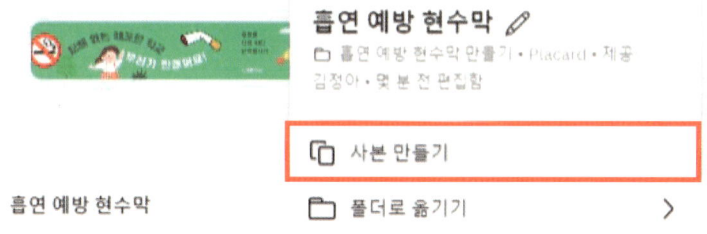

학생이 사본을 저장하면 사본이 생기는데, 학생 폴더에만 보이고, 교사 폴더에서는 보이지 않는다. 학생이 작업을 완료하면 [교사에게 보내기] 기능으로 선생님께 제출한다.
교사는 알림 메시지나 [수업 과제] 메뉴에서 학생의 작품을 검토하거나 피드백할 수 있다.

4. 수업 폴더와 일반 폴더 구분

지금까지 **캔바 > 프로젝트 > 새 항목 추가 > 수업**으로 캔바 수업 교실을 만들었다. **일반 폴더와 수업 폴더**를 구별하는 방법은 **프로젝트 > 폴더**에 만들어진 아이콘을 살펴보면 가능하다.

일반 폴더는 지정한 '폴더명'과 '항목의 개수'로 표현이 되고, **수업 폴더** '수업 이름'과 '항목 개수'와 함께 수업이라고 표현이 되어 있다. 일반 폴더를 클릭하면 본인이 정리하고 작업한 내용이 표현된다. 수업 폴더를 클릭하여 들어가면 수업 설정 화면이 표현된다.

폴더
업로드 항목
캔바수업
항목 1개 • 수업
새 레슨
항목 0개 • 수업
캔바 방과후
항목 48개
캔바 공부
항목 11개
2023매포2-1
항목 11개

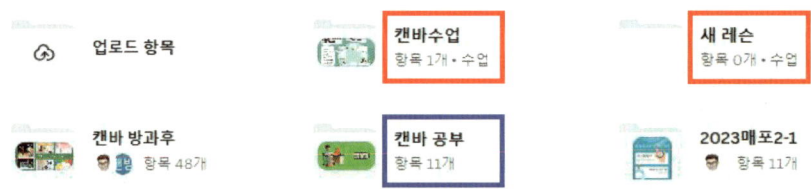

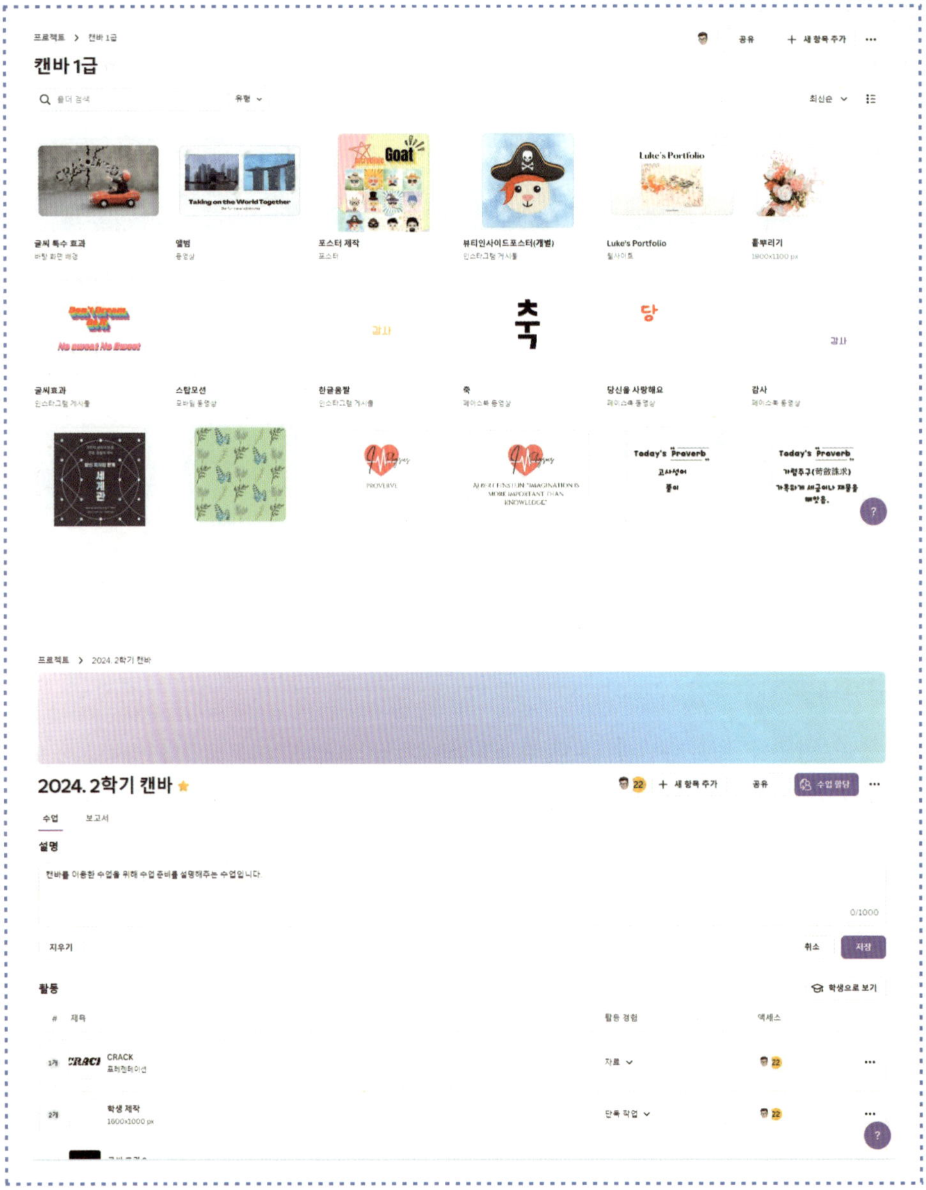

캔바 1급
글씨 특수 효과
앨범
포스터 제작
Luke's Portfolio
꽃부리기
글씨효과
스탑모션
한글음짤
축
당신을 사랑해요
감사
Today's Proverb
2024. 2학기 캔바
수업
보고서
설명
지우기
취소
저장
활동
CRACK
학생 제작

활동 경험 유형을 자료로 선택하였을 때 액세스를 살펴보면 작업이 공유된 그룹을 확인할 수 있다. 공유한 그룹의 권한을 수정하기 위한 방법을 살펴보자.

권한을 수정하고자 하는 그룹을 클릭하면 "액세스 권한이 있는 사용자 목록"이 활성화 된다.

액세스 권한은 편집, 댓글, 보기 기능으로 구성되어 있다. 해당 그룹의 보기 버튼을 클릭하면 편집, 댓글, 보기 기능에서 선택하여 권한을 부여할 수 있다. 학생 안내용으로만 사용하면 보기 기능을 추천하고, 학생 모두와 내용을 작성하고 싶으면 편집 기능을 부여하면 된다.

1. 캔바

1.14 캔바의 사진 편집 기능

캔바는 다양한 사진 편집 기능을 보유하고 있다. 그중 몇 가지 기능을 알아보고자 한다. 먼저 디자인을 추가하여 빈 페이지에 사진을 추가한다. 직사각형 모양의 사진 테두리를 살펴보면, 변에는 사각형 모양이, 꼭짓점에는 원형 모양이 있다. 원형 모양은 사진의 크기를 조정하고, 직사각형 모양은 사진을 자르는 기능이다. 사진을 자르지 않고 비율을 조정할 수는 없다.

디자인 추가 > 요소 > 사진 > 맘에 드는 사진 선택하자.

사진을 선택하면 사진을 편집할 수 있는 "팝업메뉴"가 뜬다.

[편집], [배경 제거], [테두리 스타일], [모서리 둥글게 만들기], [자르기], [뒤집기], [투명도], [애니메이션], [위치]가 있다.

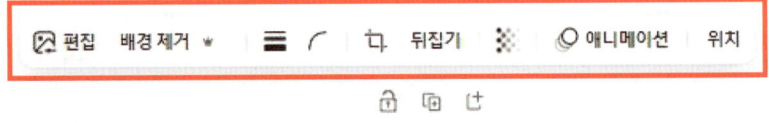

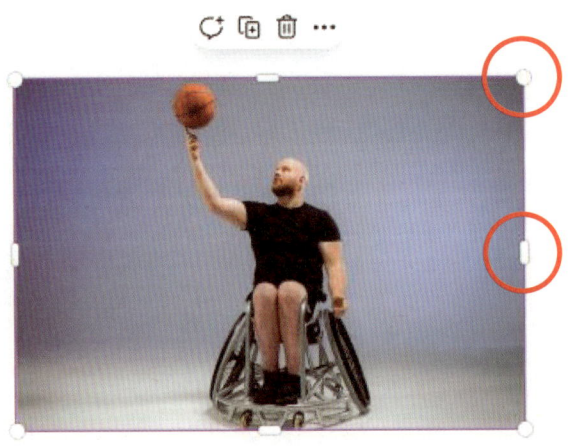

1. 편집

이미지를 조정, Magic Studio(AI 기능을 적용), 필터, 효과, 앱을 적용할 수 있는 메뉴가 왼쪽에 생긴다.

(1) 이미지 조정

아래와 같이 자동조정이 가능하고, 화이트 밸런스와 조명을 스크롤을 통해 조절할 수 있다. 조정하는 영역을 전체 이미지, 전경, 배경 중에서 선택할 수 있고, 조정을 초기화할 수도 있다.

(2) Magic Studio

"배경제거 기능"은 팝업메뉴에서 바로 사용할 수도 있다. 간단하게 [배경제거]를 선택하면 사진의 배경이 제거된다.

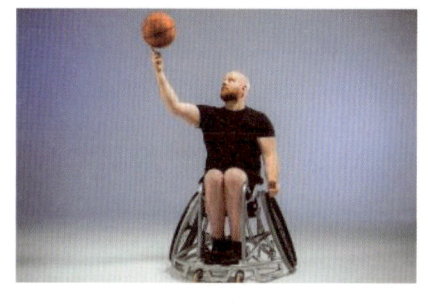 

1. 캔바

"Magic Eraser" 기능은 자연스럽게 원하는 부분을 지워주는 기능이다. 생물의 팔, 다리를 수정하는 경우보다 사물을 수정하는 경우가 더욱 자연스럽게 수정된다.

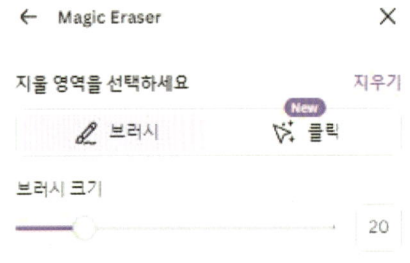

[Magic Eraser]를 선택하고 [브러시] 탭에서는 지우고 싶은 영역을 드래그하여 표시한다.

영역을 선택하고 [지우기] 버튼을 선택하면 된다.

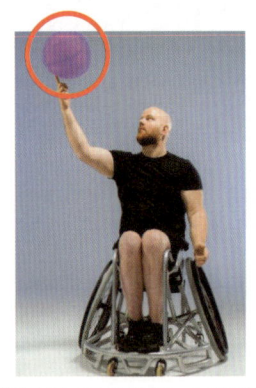  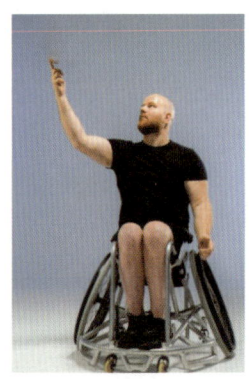

[클릭] 탭에서는 이미지에 마우스를 가까이 가져가면 저절로 영역이 활성화된다. 영역을 선택하고 [지우기] 버튼을 선택한다.

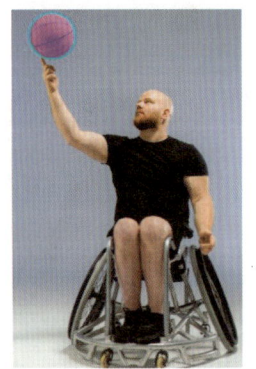 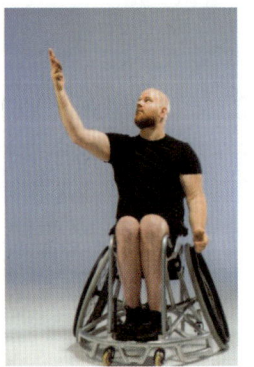

"**Magic Grab**"은 이미지에서 오브젝트를 추출하는 기능이다. Eraser와 마찬가지로 [브러시]와 [클릭]으로 추출할 개체를 선택하고 [추출하기] 버튼을 선택하면 된다.

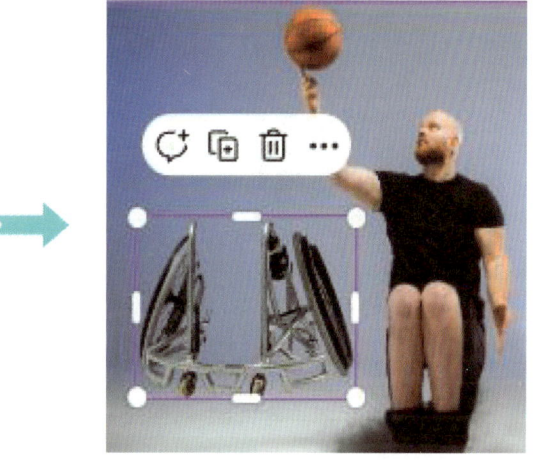

"**Magic Edit**"는 선택한 영역을 수정하는 기능이다. 다만, 얼굴, 손, 발 등의 신체 부위는 지원하지 않음에 유의해야 한다.

[브러시] 또는 [클릭]을 통해 영역을 설정하고, 어떻게 편집할지 설명한 후 [생성하기]를 선택하면 네 개의 이미지를 생성해 준다. 맘에 드는 이미지가 있으면 선택하고, 없으면 다시 생성한다.

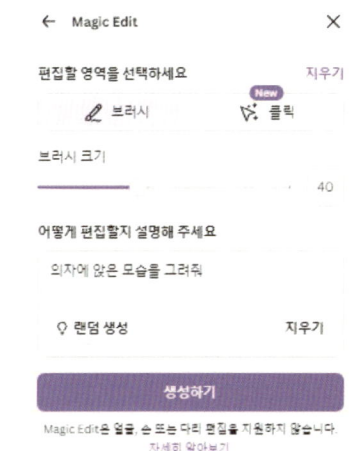
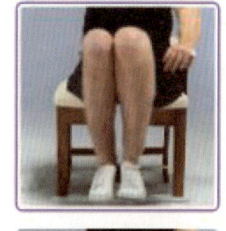
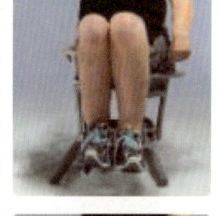

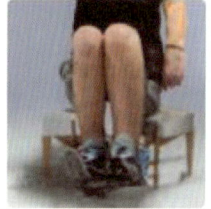

1. 캔바

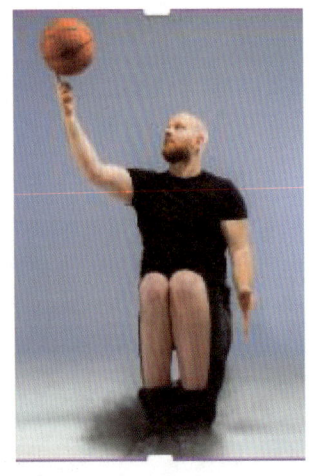 

"Magic Expand"는 AI 기능을 활용해서 그림을 확장해주는 기능이다. [Magic Expand]를 선택하면 [자르기]와 [확장하기] 탭이 나오는데, 확장하기 상태에서 확장할 영역을 선택하고 스크롤을 아래로 내려 [Magic Expand] 버튼을 선택한다. Edit와 마찬가지로 네 개의 이미지를 생성해 주며, 맘에 드는 이미지가 나올 때까지 새로 생성해서 선택하면 된다.

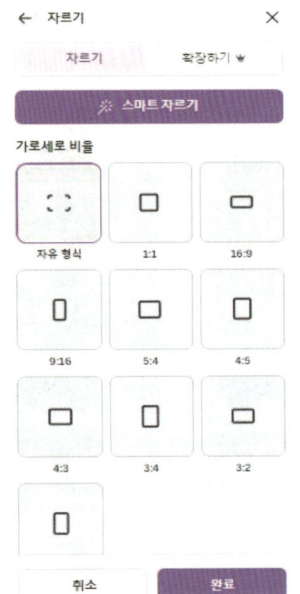 

"**텍스트 추출**"은 텍스트가 있는 사진의 텍스트를 추출해서 수정하거나 삭제하는 기능이다. [**텍스트 추출**] 버튼을 선택하면 모든 텍스트가 인식이 된다. [**클릭**]을 통해 일부를 선택해도 되고, [**전체 텍스트**]를 선택해도 된다. 추출이 완료되면 텍스트를 수정한다.

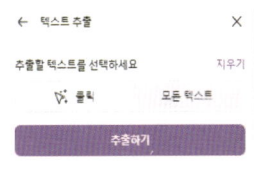 

 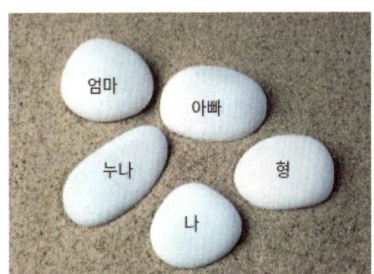

1. 캔바

(3) 그 밖의 편집 기능

그 밖의 이미지 편집 기능에는 필터, 효과, 앱 기능이 있다.

필터는 이미지의 전반적인 분위기를 자동 조절해주는 기능이고, **효과**는 그림자, 이중톤, 흐리기, 자동 초점, Face Retouch 기능을 지원한다. **앱 기능**은 캔바의 앱 중 이미지와 관련되어 많이 쓰이는 앱이 링크되어 있어 바로 사용 가능하다.

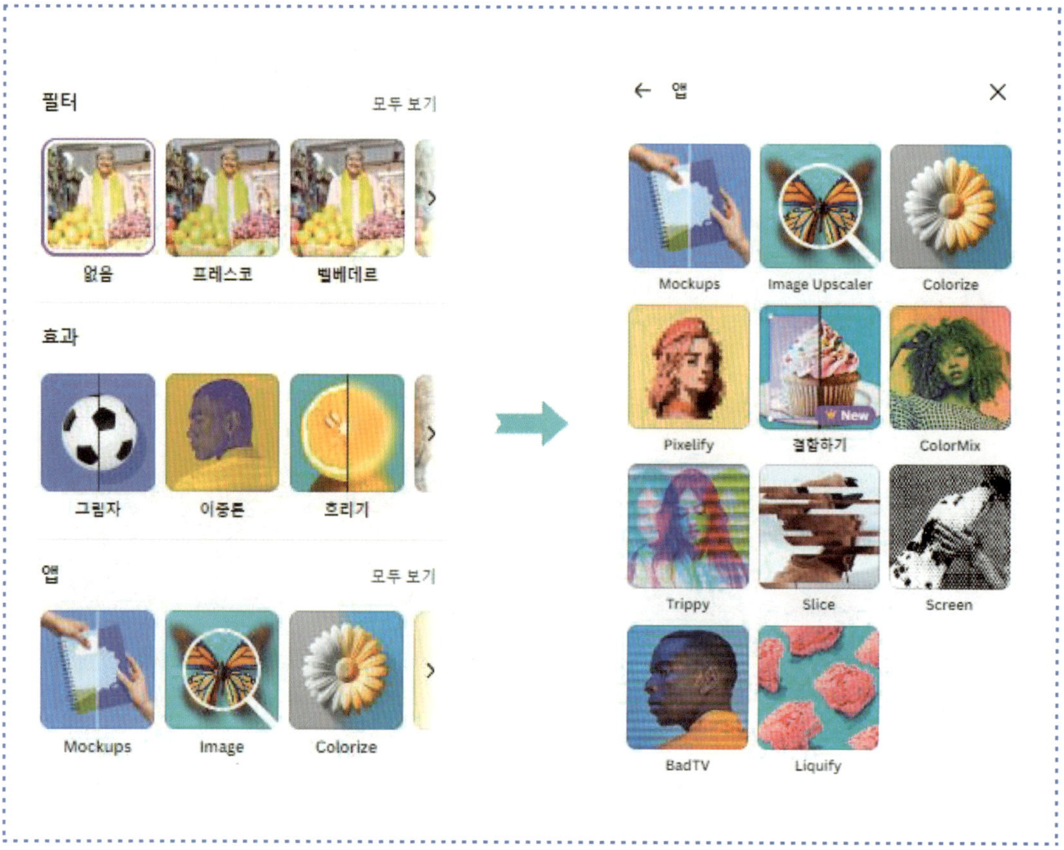

2. 테두리 스타일

이미지의 테두리 스타일과 굵기를 조절할 수 있다.

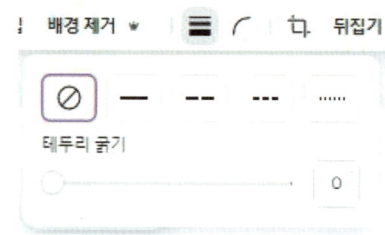

3. 모서리 둥글게 만들기 와 투명도

이미지의 모서리를 둥글게 할 수 있는데 스크롤을 통해 정도를 조절할 수 있다. 투명도는 100으로 기본 세팅이 되어 있는데, 100이 불투명이고, 0으로 숫자를 줄일수록 투명에 가까워진다.

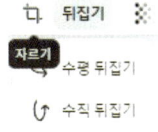

4. 자르기와 뒤집기

이미지 자르기를 누르면 Magic Expan에서 봤던 자르기 메뉴로 들어간다. 뒤집기는 수평 뒤집기와 수직 뒤집기를 제공한다.

5. 애니메이션

이미지나 요소에 애니메이션을 줄 수 있다. 프레젠테이션(PPT)의 애니메이션 효과와 유사하다. 기본 효과, 강조 효과, 사진 움직임, 모션 효과 추가, 자유롭게 동선을 그려서 완성하는 애니메이션 만들기 기능을 제공한다.

6. 위치

여러 개의 요소와 사진이 함께 있을 경우 많이 쓰는 기능으로 정렬과 레이어를 조절할 수 있다.

7. 스타일 복사

원하는 스타일이나 형식의 요소나 텍스트를 선택하여 스타일을 복사하고, 다른 텍스트나 요소에 적용하는 기능이다.

1. 캔바

1.15 캔바의 유용한 앱추가 기능

캔바에는 여러 가지 앱을 활용하여 문서 작성의 도움을 받을 수 있다. 일부 앱은 초기에 제공된 크레딧을 사용하고, 이후 유료로 전환해야 하는 경우도 있다. 그러나 어느 정도 무료로 사용할 수 있고, 비슷한 성격의 앱이 많기 때문에 사용을 추천한다. 대표로 몇 가지 앱을 소개한다.

1.  YouTube

YouTube에서 영상을 검색하여 문서에 넣을 수 있다.
앱을 실행하면 아래와 같이 검색창이 뜬다. 검색하고 싶은 키워드를 입력하여 영상을 검색한다.

'삼각형의 외심'을 검색하면 아래와 같이 영상이 뜨는데, 원하는 영상을 선택하면 문서에 삽입된다.

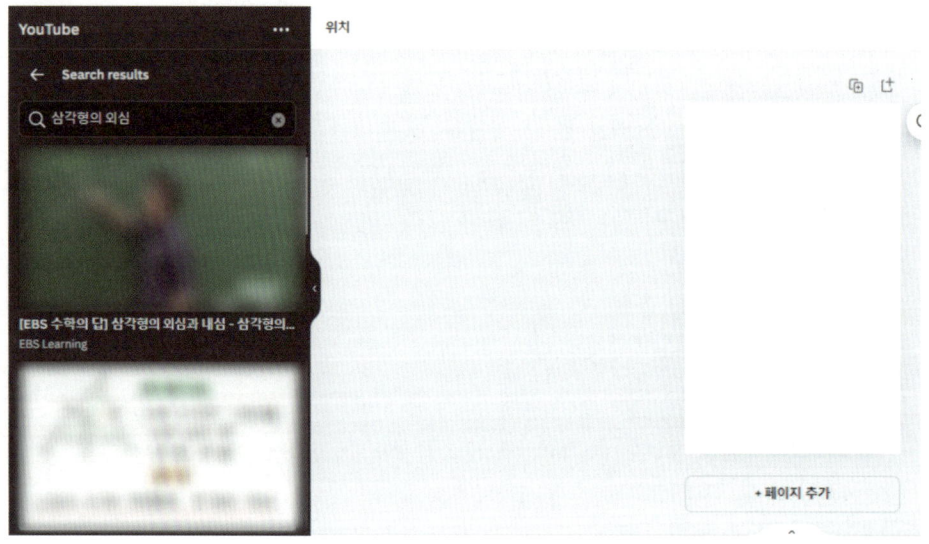

2. 폰트 프레임

캔바의 앱에서는 텍스트를 꾸며주는 기능이 아주 많다. 폰트 프레임 역시 텍스트 안에 사진을 넣을 수 있는 앱이다. 이미지를 업로드하거나 디자인에서 이미지를 선택하여 텍스트에 이미지 배경을 추가할 수 있다. 또한 글꼴, 이미지 배치 등을 수정할 수 있다.

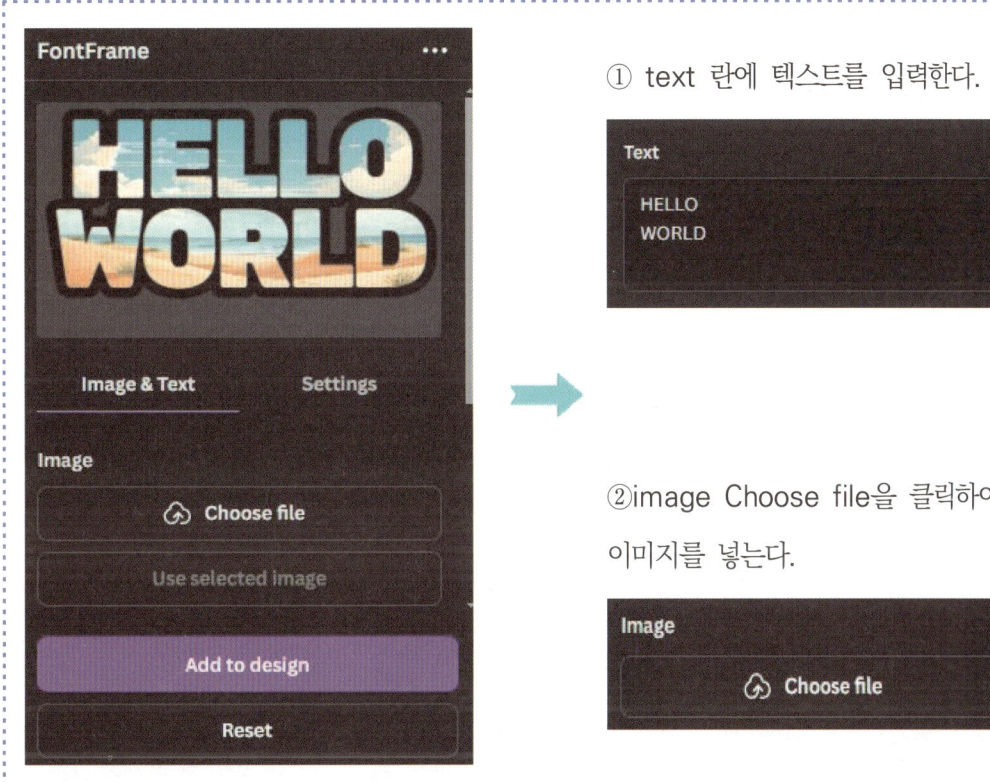

① text 란에 텍스트를 입력한다.

② image Choose file을 클릭하여 이미지를 넣는다.

③ Settings를 선택하면 폰트, 정렬, 테두리 등을 변경할 수 있다.

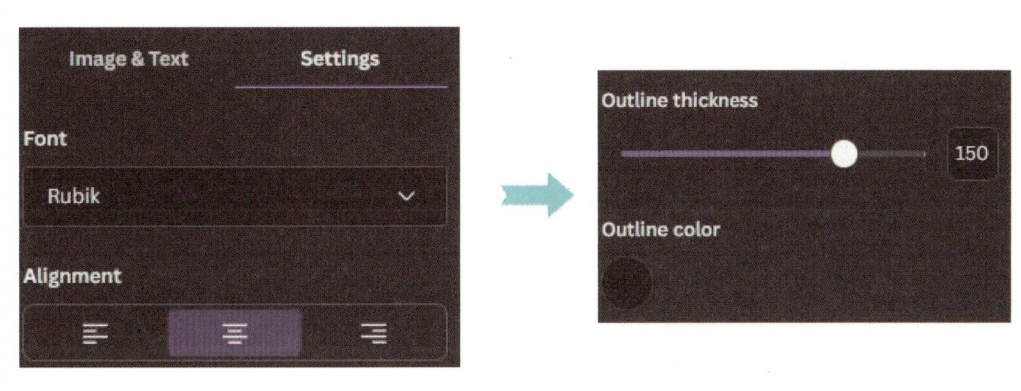

1. 캔바

3. Mockups

사진이나 영상을 사물과 합성할 수 있는 메뉴이다.

[요소]에서 이미지를 검색하여 끌어다 넣으면 완성.

[업로드항목]에서 이미지를 업로드하여 사용할 수 있다.

4. √x Equations

수학 교사를 위한 간단한 방정식을 생성하고, 수식을 입력할 수 있다.

분수, 거듭제곱근, 지수 등의 버튼을 눌러 수식을 작성하고 하단의 [insert equation] 버튼을 누르면 수식이 입력된다. Advanced 탭을 클릭하면 더 다양한 수식을 입력할 수 있으며 그리스 문자도 입력 가능하다.

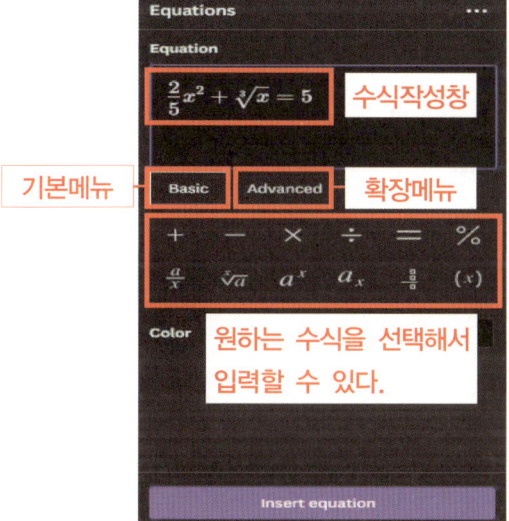

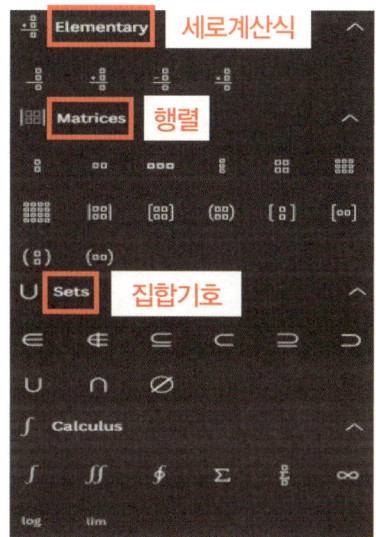

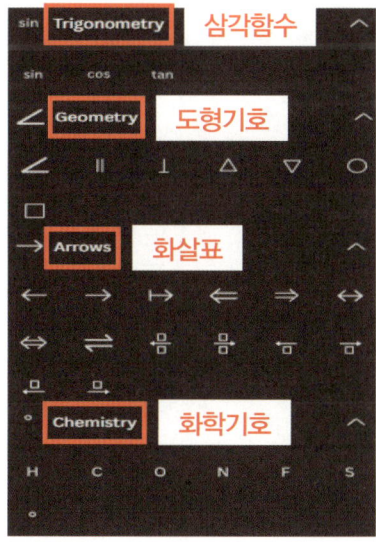

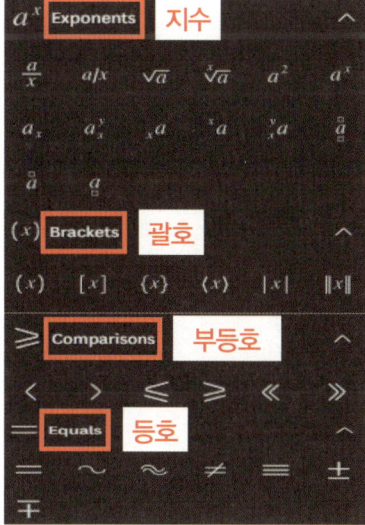

1. 캔바

1.16 캔바의 유용한 디자인 검색 키워드

캔바의 디자인은 너무 많아서 검색을 잘 해서 찾는 것 또한 매우 중요하다. 검색하여 쓰면 유용한 디자인과 그래픽 요소를 몇 가지 추천하고자 한다.

1. 템플릿 디자인 검색

(1) 검색어: sitemap

(2) 검색어: process

(3) 검색어: 답례품

(4) 검색어: 이름표(라벨)

(5) 검색어: 브로슈어

1. 캔바

(6) 검색어: 스티커

(7) 검색어: 마인드맵

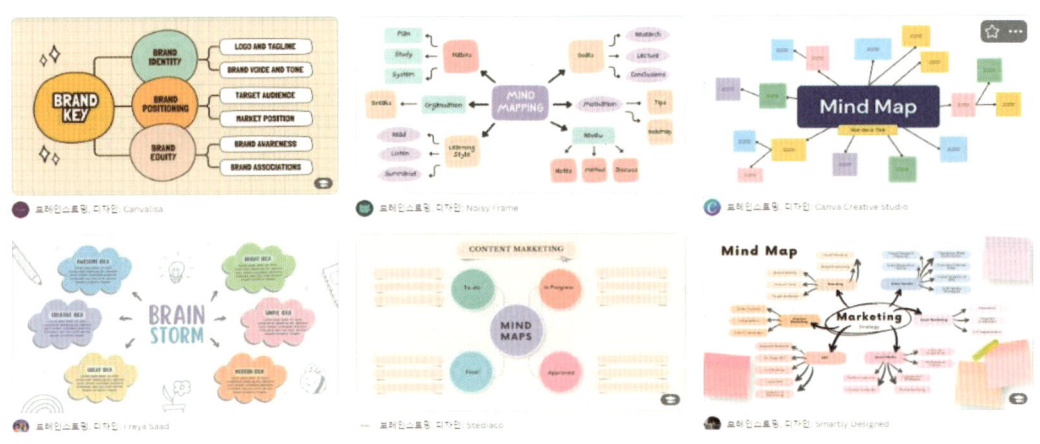

(8) 검색어: 북크리에이터

2. 요소 검색

작품 제작 시 요소는 아래와 같이 12가지로 제공된다. 이 중 그래픽 글자 검색어를 몇 가지 추천하고자 한다.

(1) 검색어: bubble letter

검색 후 한 가지 디자인을 선택하면 AI 자동추천이 팝업되는데, [전체 보기]를 선택하면 같은 유형의 글자들을 더 많이 볼 수 있다.

1. 캔바

그 밖에 floral letter, balloon letter, melt letter, honey letter, letter filled with flower, folded letter, letter sticker, dragon letter, flower letter, cloud letter 등을 검색하면 다양한 글자를 얻을 수 있다.

floral letter

floral letter

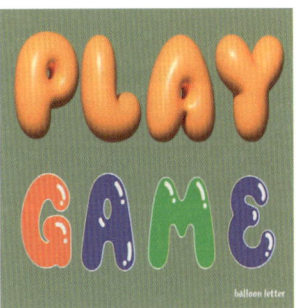
balloon letter

melt letter

honey letter

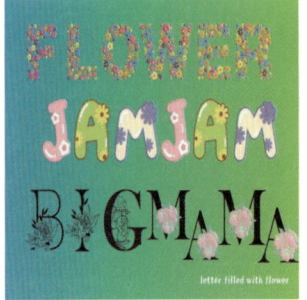
letter filled with flower

folded letter

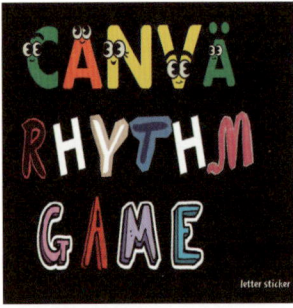
letter sticker

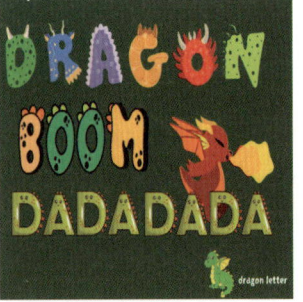
dragon letter

CHAPTER 02 업무에서의 활용

2. 업무에서의 활용

2.1 흡연예방 현수막 디자인 공모전

전교생을 대상으로 흡연예방 현수막 디자인 공모전을 개최하고, 우수 학생의 현수막을 게시한다면 교육 효과가 더 클 수 있다.

1. '현수막' 검색 〉 템플릿 선택 〉 이 템플릿 맞춤 편집하기 〉 요소 〉 그래픽 〉 '흡연 예방' 검색

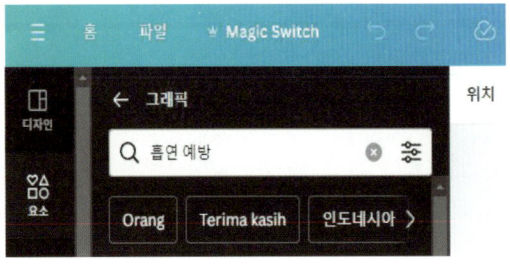

2. 그래픽 요소 삽입 및 문구 수정

문구 수정 후 세부 편집을 위해 문구 선택 후 [효과] 선택 〉 도형의 곡선 곡률 조정

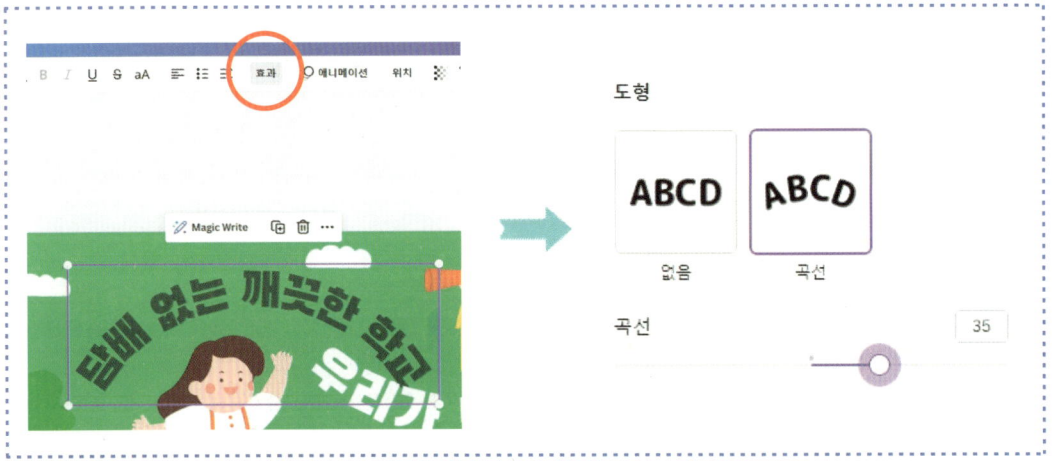

〈흡연예방 현수막 예시〉

2.2 포스터, 로고(엠블럼) 만들기

캔바에서 가장 많이 사용되고 있는 템플릿이 '포스터'이다. 학생들이 직접 만든 포스터를 활용하여 학교 축제를 홍보한다면 학생들의 적극적인 참여를 유도하고, 활동에 소극적이지만 디자인이나 디지털 리터러시에 재능이 있는 학생들에게 기회를 제공할 수 있다.

1. '학교 축제 포스터' 검색 〉 템플릿 선택 〉 이 템플릿 맞춤 편집하기

아래와 같이 기존 템플릿(좌)을 수정하여 새로운 포스터(우)를 제작할 수 있다.

2. 학급, 동아리 활동에 필요한 로고(엠블럼) 만들기

학교 교육 활동 중에는 상징성이 필요한 로고(엠블럼)를 필요로 하는 경우가 매우 많다. 체육대회, 학급 단합 대회, 축제의 학급 부스, 동아리 활동, 학생 자치회, 학생회장, 부회장 선거 등 다양한 교육 활동을 할 때 독창적인 로고나 엠블럼을 사용하는 것이 개성을 드러낼 수 있고 이를 통하여 상징성 있는 교육 활동을 수행할 수 있다. 이때, Canva에서 제공하는 로고 기능을 이용하는 방법은 다음과 같다.

2. 업무에서의 활용

(1) Canva의 왼쪽의 템플릿 화면을 누르면 오른쪽 끝부분에 [>]를 클릭하며 [로고]를 선택한다.

(2) 수많은 무료 로고 템플릿이 있으며 아래와 같이 스타일, 테마, 기능, 색상에 따라 원하는 형태의 로고를 검색할 수 있다.

또는 [모든 필터]를 클릭하면 위의 4가지 유형을 동시에 검색할 수 있는 장점을 가지고 있다. 원하는 형태를 체크하고 [적용]버튼을 누르면 된다.

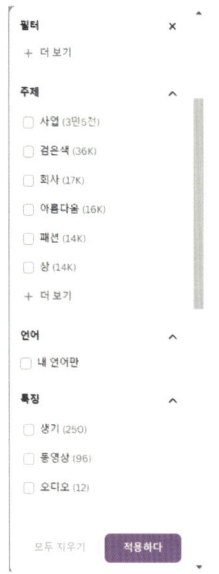

교사를 위한 캔바

(3) 예시로 도서관 로고를 만들려고 한다면 위의 템플릿에서 마음에 드는 로고를 하나 선택하여 [이 템플릿을 사용자 정의하세요]를 클릭한다.

(4) 편집화면이 뜨면 요소에 [우체통]을 검색하여 그래픽 중에서 비행기를 대체할 아이템을 찾아 삽입한다. 문자를 변경하거나, 중간에 있는 그림의 경우 요소에서 해당 주제의 그래픽을 삽입한다.

글씨체를 변경하거나 주어진 텍스트나 그림의 색상을 변경할 수도 있으며 요소에 circle을 검색하여 frame을 만들수도 있다.

67

2. 업무에서의 활용

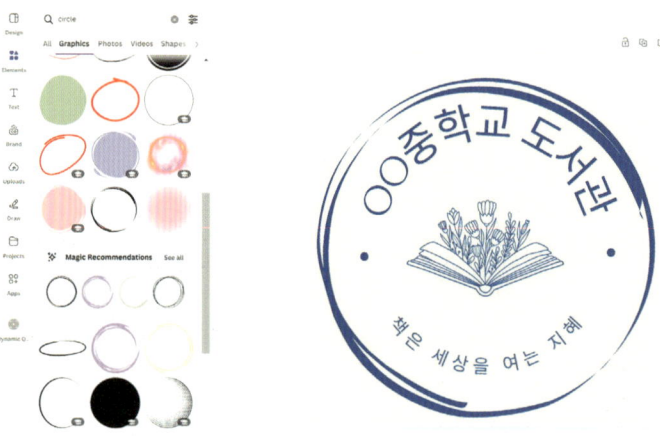

이와 같이 로고를 이용하면 다음과 같이 다양한 로고를 Canva를 통하여 손쉽게 작성할 수 있다.

2.3 수업 시간표 만들기

중, 고등학교에서는 매 시간마다 교과 선생님들께서 교실과 교과가 달라져서 수업 시간이 바뀐다. 이런 경우 기존에는 선생님들께서 문서 작성을 하시거나 큰 전지에 잘라서 붙이는 등 여러 가지 활동을 통하여 수업 시간표를 작성하였다. Canva에서 제시하는 수업 시간표를 이용하여 작성하는 방법을 알아보도록 하자.

1. 캔바의 템플릿에서 시간표를 검색한다.

마음에 드는 시간표를 검색한 후 [이 템플릿을 사용자 정의하세요]를 클릭한다.

2. 업무에서의 활용

2. 수업시간표에서 행이나 열을 줄이거나 늘려야 할 경우 왼쪽 또는 상단의 점 세 개의 점을 클릭하면 행이나 열을 추가하거나 삭제할 수 있다.

3. 좌측의 [스타일]에서 조합 또는 색상팔레트를 클릭하면 기존의 템플릿의 색상이 변하는 것을 알 수 있다. 또한 글꼴 세트로 글꼴의 형태를 바꿀 수 있다. 스타일은 선택사항이므로 원하는 경우에만 사용한다.

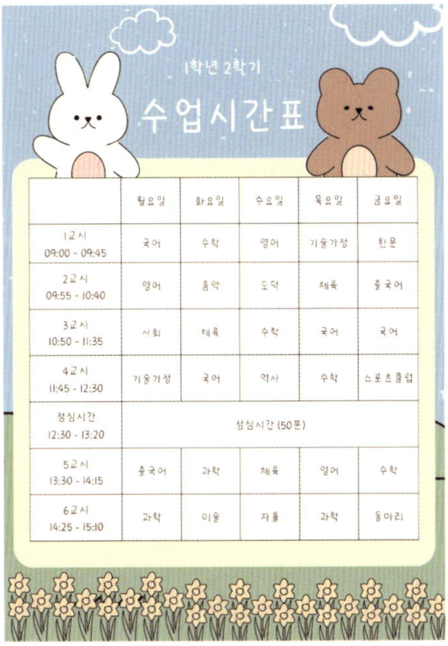

	월요일	화요일	수요일	목요일	금요일
1교시 09:00 - 09:45	국어	수학	영어	기술가정	한문
2교시 09:55 - 10:40	영어	음악	도덕	체육	중국어
3교시 10:50 - 11:35	사회	체육	수학	국어	국어
4교시 11:45 - 12:30	기술가정	국어	역사	수학	스포츠클럽
점심시간 12:30 - 13:20	점심시간 (50분)				
5교시 13:30 - 14:15	중국어	과학	체육	영어	수학
6교시 14:25 - 15:10	과학	미술	자율	과학	동아리

〈스타일 변경 전〉

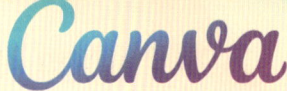

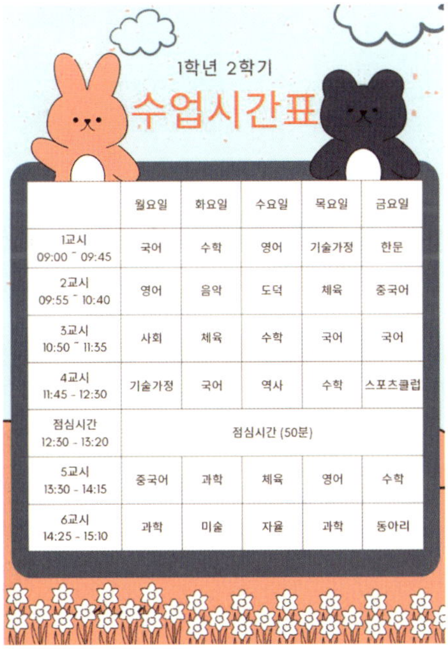

	월요일	화요일	수요일	목요일	금요일
1교시 09:00 ~ 09:45	국어	수학	영어	기술가정	한문
2교시 09:55 ~ 10:40	영어	음악	도덕	체육	중국어
3교시 10:50 ~ 11:35	사회	체육	수학	국어	국어
4교시 11:45 - 12:30	기술가정	국어	역사	수학	스포츠클럽
점심시간 12:30 - 13:20	점심시간 (50분)				
5교시 13:30 - 14:15	중국어	과학	체육	영어	수학
6교시 14:25 - 15:10	과학	미술	자율	과학	동아리

〈스타일 변경 후〉

시간표를 작성 후 요소에서 학교와 관련된 내용들을 찾아 그래픽이나 사진을 추가하여 완성도를 높일 수 있다. 이때 플루터로 대형 인쇄하거나, 출력하여 학급에 게시할 수 있다.

2. 업무에서의 활용

2.4 학교 브로슈어 제작

새 학년이 시작되면, 학교 소개를 위한 다양한 자료들을 제작해야 하는데, 캔바를 활용해 쉽게 학교 소개 자료를 만들 수 있다. 그 중, 학교 안내 브로슈어를 만드는 과정은 다음과 같다. 이를 응용해 학교 내 다양한 학생 안내 자료 등도 만들어 볼 수 있다.

1. 홈 화면 검색창에서 '학교 브로슈어' 검색 〉 다양한 템플릿 중, 학교 소개 목적과 내용 편집에 적합한 템플릿 선택

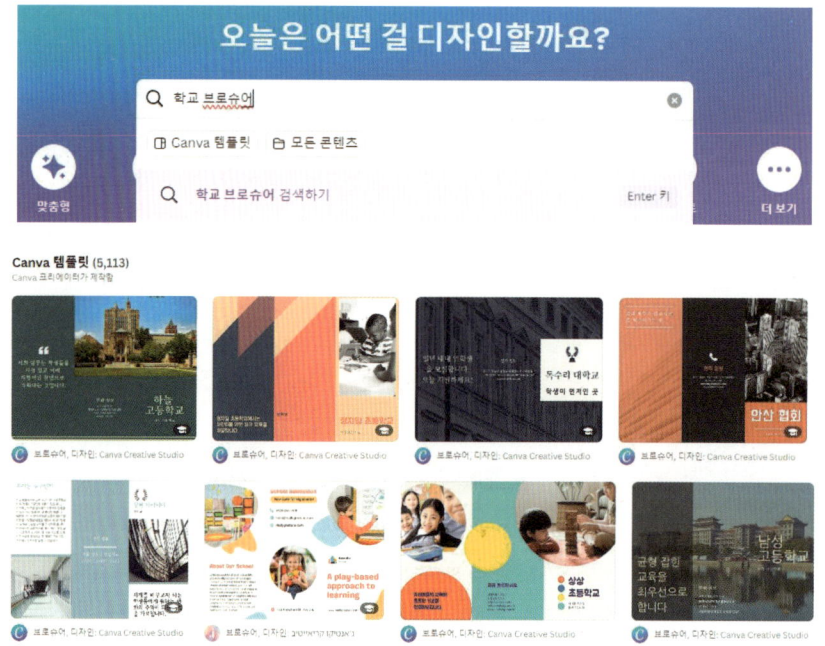

2. 템플릿 맞춤 편집하기

   (1) 학교 관련 사진 넣기

   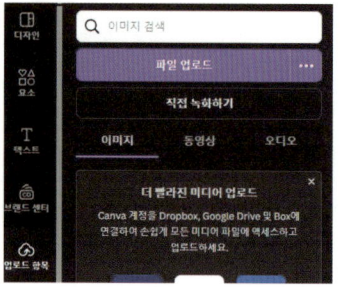

   업로드 항목 〉 파일 업로드 〉 학교 로고 및 학교 사진 업로드 〉 학교 관련 이미지 넣기 〉 사진 이미지 크기 및 위치 조정

   (2) 내용 수정

   학교의 목표 및 비전, 1년 간의 주요 활동을 담은 내용을 해당 템플릿 칸에 맞춰 수정

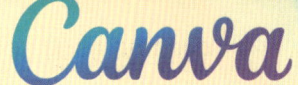

(3) 요소 및 텍스트 추가

기존 선택한 템플릿의 형식 외, 내용 구성에 맞는 다양한 요소 추가 후, 텍스트 추가 입력

<예시 1: 학교 연혁 입력>

요소 > 표 추가 > 표 선택 후, 오른쪽 마우스 클릭하여 행과 열 수정 > 메뉴에서 테두리 및 표 간격 편집 > 표 색깔을 템플릿 색과 유사한 색으로 선택 > 내용 입력

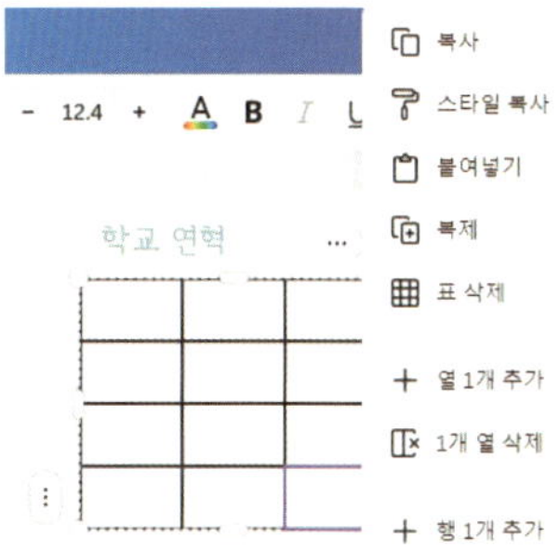

〈행과 열 수정〉

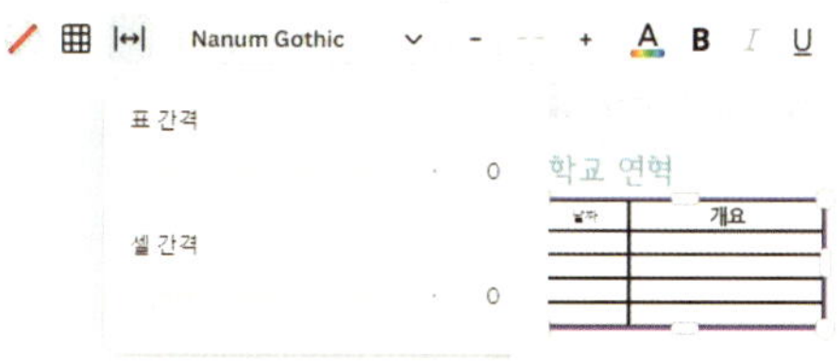

〈테두리 및 표 간격 편집〉

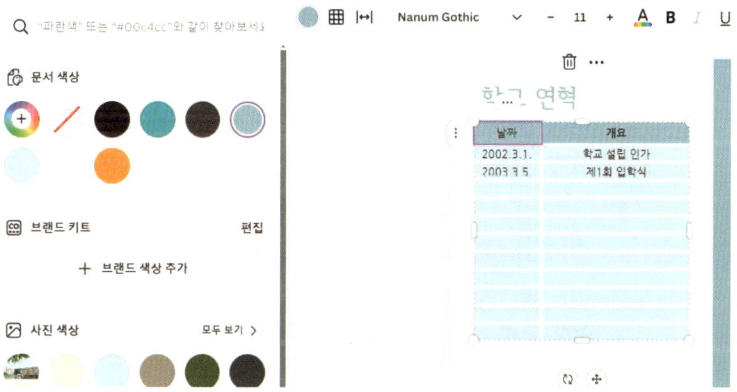

〈색 선택에서 자동으로 템플릿 및 이미지 사진 속 색깔 추천〉

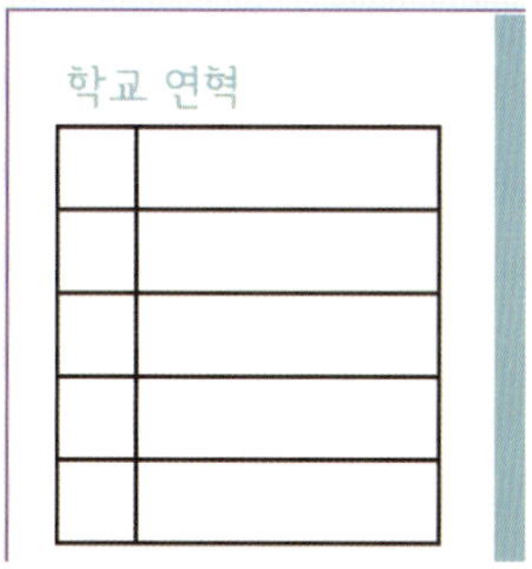

〈표 편집 전〉

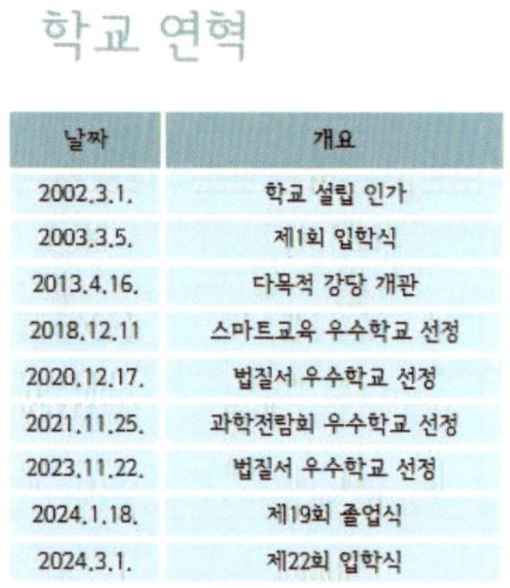

날짜	개요
2002.3.1.	학교 설립 인가
2003.3.5.	제1회 입학식
2013.4.16.	다목적 강당 개관
2018.12.11	스마트교육 우수학교 선정
2020.12.17.	법질서 우수학교 선정
2021.11.25.	과학전람회 우수학교 선정
2023.11.22.	법질서 우수학교 선정
2024.1.18.	제19회 졸업식
2024.3.1.	제22회 입학식

〈표 편집 후〉

2. 업무에서의 활용

<예시 2: 프로그램 소개>

요소 > 그래픽 검색 > 내용에 맞는 그래픽 추가 > 텍스트 > 텍스트 상자 추가 > 프로그램 소개 텍스트 입력

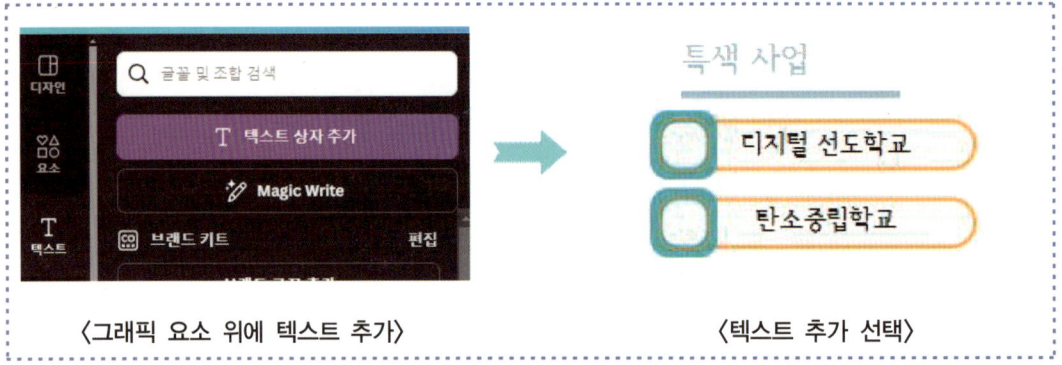

〈그래픽 요소 위에 텍스트 추가〉 〈텍스트 추가 선택〉

　이 외에도, 다양한 요소들을 활용해 기존 템플릿 양식을 사용하거나 수정하여 학교 활동 소개를 위한 안내 브로슈어를 만들어볼 수 있다. 편집 완료된 예시 브로슈어는 다음과 같다.

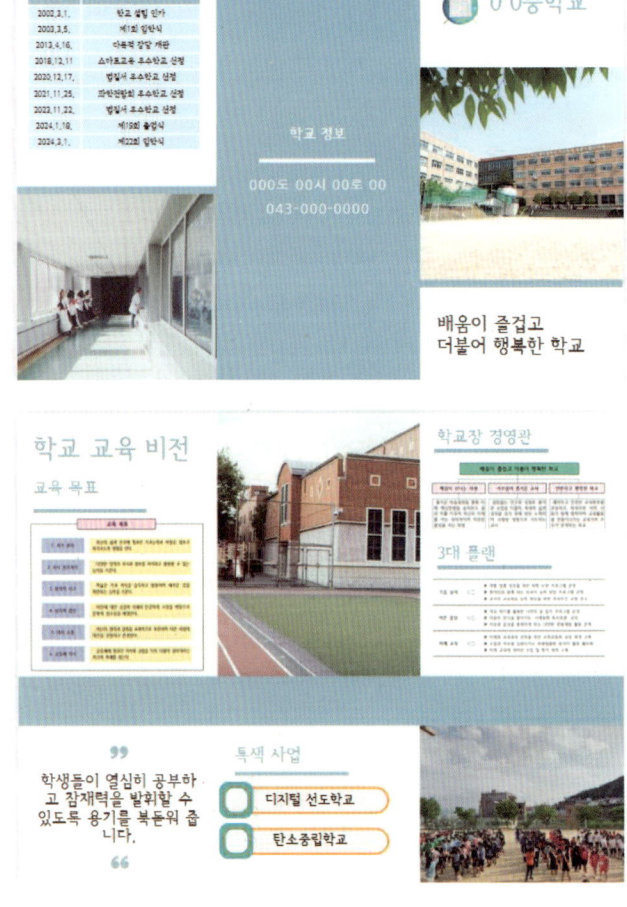

2.5 Canva Docs 활용하기

캔바에서는 "Docs"라는 문서 작성 기능 템플릿이 있다. 이 템플릿을 활용하면, 워드나 다른 문서 작성 프로그램처럼 문서를 작성하고, 기존의 공유 기능을 활용해 사람들과 협업도 가능하다. 이렇게 유용하게 업무 및 수업에서 활용할 수 있는 Docs를 간단히 소개해보고자 한다.

1. 홈 화면에서 [디자인 만들기] 선택 〉 [Docs] 선택 〉 템플릿 선택(보고서, 회의록, 이력서, 학교 문서 등 다양한 템플릿 제공)

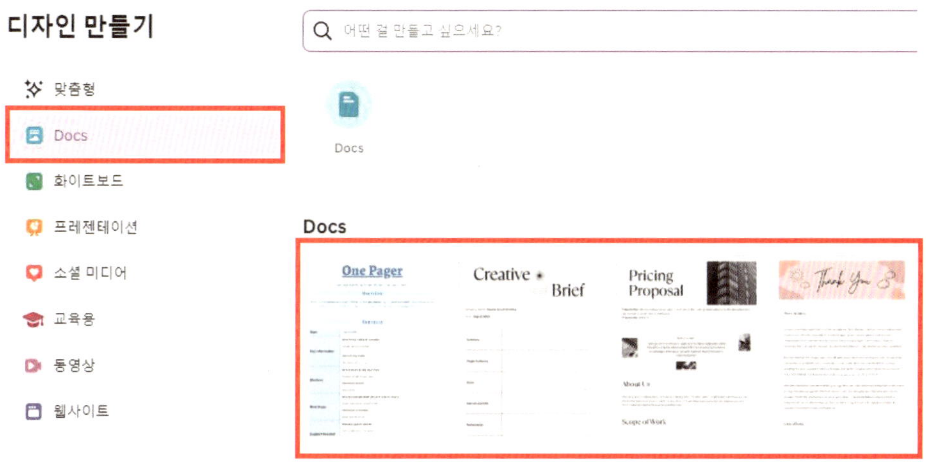

2. 업무에서의 활용

2. 선택한 양식의 템플릿 내용 수정

내용을 수정할 때는 두 가지 방법을 기본적으로 활용할 수 있다.

먼저, 선택한 문서 중, 편집하고자 하는 디자인을 클릭한다. 그러면 왼쪽에 그 디자인 템플릿 예시가 다양하게 제시되는데 그중 원하는 디자인을 골라 편집이 가능하다. 두 번째로 직접 요소를 변경, 추가해 디자인을 바꾸는 방법도 있다. 캔바에서 제공하는 '요소'를 활용하여 그래픽, 사진 등을 추가하고 '텍스트'를 수정하는 등 편집기 화면을 통해 수정할 수 있다.

〈 기존 제공되는 양식 중 선택해 편집한 예시 〉

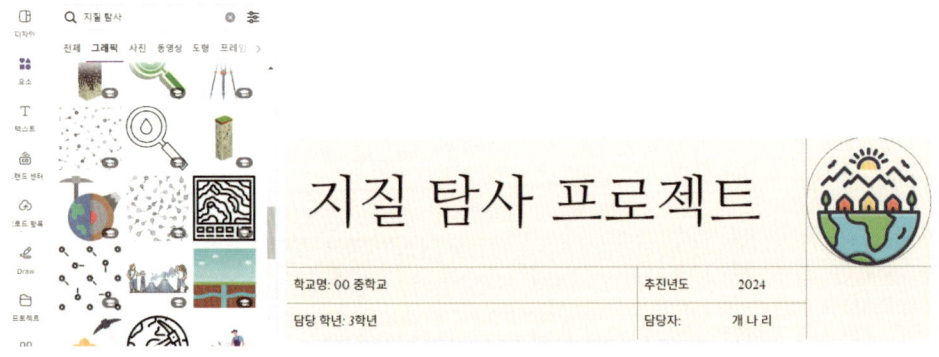

〈 편집기 화면을 통해 편집한 예시 〉

위와 같이 Docs의 내용을 캔바의 일반적인 편집 기능을 활용해 다양한 텍스트, 표, 요소 등을 가져와 작업 가능하다.

또한 내용 작성 중, '빠른 작업' 기능을 활용해 '링크, 표, 차트' 등을 추가 삽입해 활용할 수 있다. 예시에서는 구글 지도를 통해 해당 장소를 링크하는 과정을 소개한다.

- 문서의 [빠른 작업] 표시(+) 클릭 > 삽입 > 링크 주소 복사 후 붙이기
- 링크 삽입된 지도를 확대, 축소하며 확인 가능('Ctrl' 누른 상태에서 스크롤)

| [빠른 작업] 버튼 클릭 | '삽입' 선택 |

〈 구글 지도가 추가 삽입된 상태 〉

〈 'Ctrl' 누른 상태에서 스크롤로 확대해서 확인한 모습 〉

2. 업무에서의 활용

2.6 PDF 문서를 Canva로 편집하기

PDF 문서 파일을 다른 프로그램을 통해 편집하기 위해서는 추가로 PDF 편집 기능이 있는 프로그램을 다운받아 작업하게 된다. 또한 PDF 파일을 다운받아 편집 가능하도록 PDF를 해제하더라도 원본 PDF에 있는 글자체를 그대로 편집할 수 없고, 문단이나 줄이 변형되기도 한다.

  이에 비해 캔바에서는 간단히 PDF 파일을 불러와 편집이 가능한데, 거의 대부분의 경우 줄간격이나 글꼴의 변형 없이 편집 상태로 전환되기 때문에 수업 자료를 제작하는데 아주 유용하다. 각각의 위치마다 레이어가 분리되어 있어 캔바에 있는 여러 편집 기능(요소, 텍스트, 그래프, 동영상 삽입 등)을 활용할 수 있다는 점이 큰 장점이라고 할 수 있다.

1. PDF 파일 불러오기

먼저 활용할 PDF 파일을 불러온다.

- 캔바 홈 '디자인 만들기' > '업로드' 선택 > 파일 가져오기

2. PDF 문서 편집하기

PDF 문서는 캔바로 불러왔을 때, 바로 편집 가능한 상태로 전환된다. 또한 내용과 구성별로 자동으로 레이어가 형성되어 각각 편집이 용이하다. 또한 원본의 글꼴과 줄 간격 등이 캔바에서는

교사를 위한 캔바

대체적으로 원본과 동일하거나 유사하게 변환된다는 점은 큰 장점이라고 할 수 있다.

불러온 PDF 파일은 이제 캔바의 기존 편집기 양식을 모두 활용해 요소, 앱 등을 연결해 다양하게 활용 가능하며, 이 문서를 링크로 공유하거나 협업 기능을 활용해 학생들과 동시에 수업에서도 활용할 수 있다.

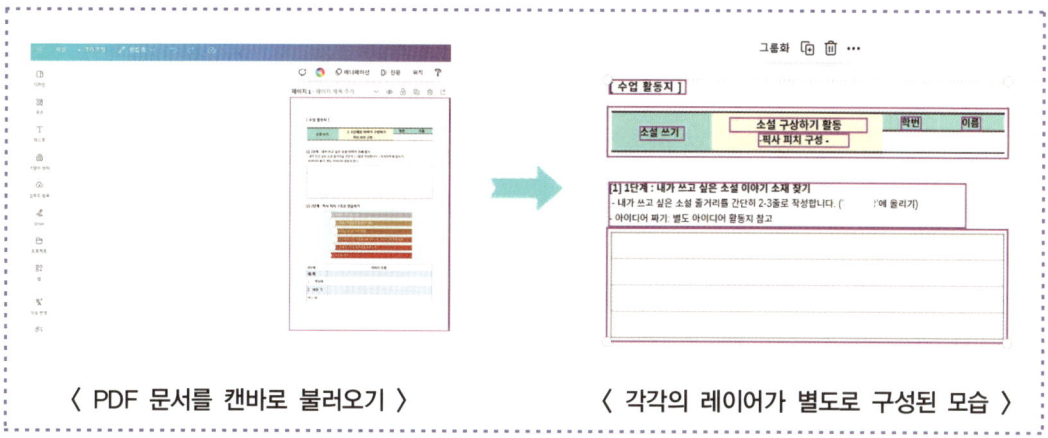

〈 PDF 문서를 캔바로 불러오기 〉   〈 각각의 레이어가 별도로 구성된 모습 〉

- 텍스트 수정, 요소 삽입 등을 통해 수정

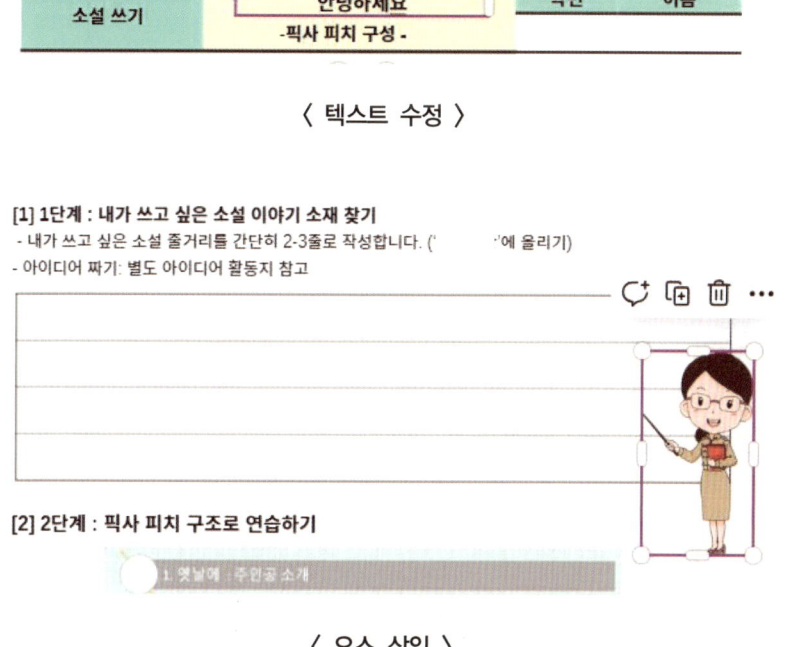

2. 업무에서의 활용

2.7 교내 포스터 만들기

교내에서는 공지 사항과 각종 행사, 일정, 규칙 등을 쉽게 확인할 수 있도록 포스터를 만들 수 있다. 시각적 자료로 중요한 정보를 명확하고 빠르게 전달할 수 있으며 학교 공간을 더 미학적으로 만들 수 있다.

1. 좌측의 [템플릿]을 클릭한 후 [추천]의 [포스터]를 선택한다. 사용자의 필요에 따라 큰 형태 포스터를 선택할 수도 있고, A4크기의 전단지를 선택할 수도 있다.

2. [필터]에서 크기, 스타일, 테마, 기능, 색상 등을 체크하여 원하는 형태의 포스터를 찾을 수 있다. [내언어만]이라는 것을 클릭하면 한국어로 되어있는 템플릿만을 선택할 수 있고, [내언어만]을 해제하면 다른 나라 언어로 되어있는 템플릿을 확인할 수 있다.

교사를 위한 캔바

3. 마음에 드는 템플릿을 선택하였다면, [이 템플릿 맞춤 편집하기]를 클릭하고, 템플릿이 없다면 새로 필터를 설정하여 재검색하거나, [빈포스터만들기]를 클릭하여 흰 배경에서 작업을 시작할 수 있다. 템플릿을 선택하였을 때, 아래에 비슷한 이미지에 유사 포스터가 자동추천된다.

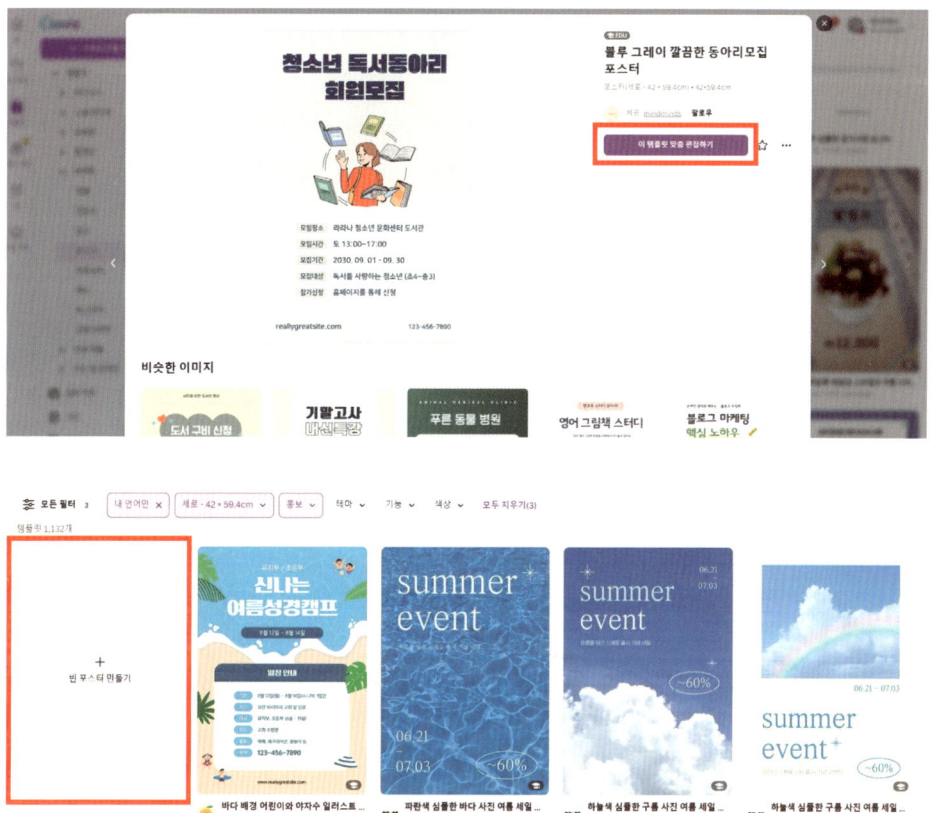

4. 이제 템플릿에 해당하는 요소들을 하나씩 필요에 의해 수정하면 된다. 예를 들어 가운데에 있는 그림을 변경하고 싶다면 [요소]의 검색에 '배드민턴 동아리'라고 검색하여 그래픽, 사진, 동영상 등을 선택하여 포스터에 삽입할 수 있다. 그래픽의 경우 자동 추천으로 같은 스타일의 그래픽이 추천되므로 함께 삽입 가능하다.

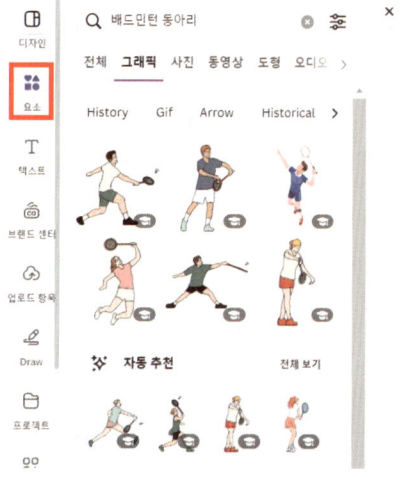

2. 업무에서의 활용

또한 같은 방향을 바라보고 있는 경우 뒤집기의 기능을 이용하여 수평 뒤집기 또는 수직 뒤집기가 가능하다.

5. 템플릿의 주제와 세부내역을 필요에 따라 수정하고, 불필요한 요소들은 삭제하여 완성한다.

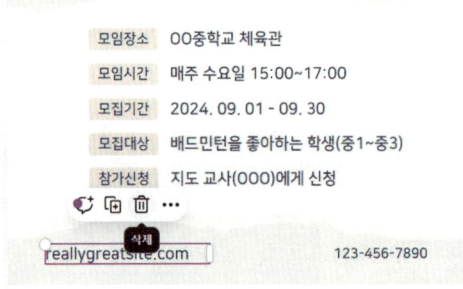

배경색을 변경하는 경우 포스터에 있는 그래픽에 있는 색이 자동 추천된다.

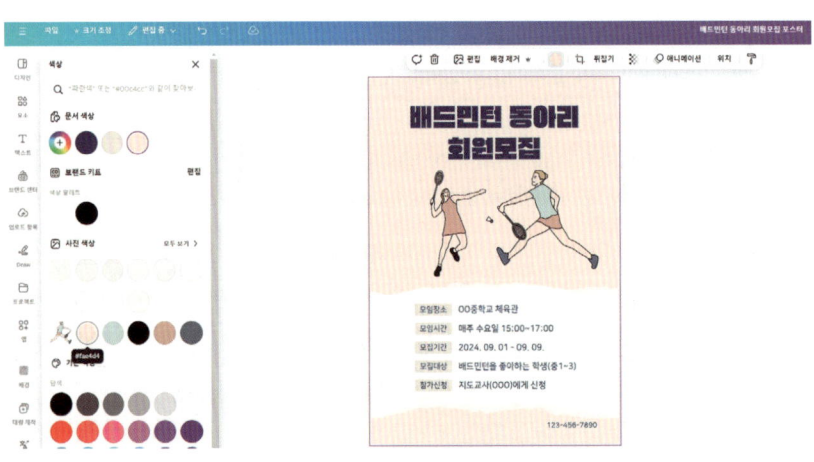

이후 완성된 포스터를 다운로드하여 포스터를 활용할 수 있다.

2.8 동적 QR코드 생성하기

설문조사를 하거나 학생들에게 링크를 안내해야 할 때, QR코드가 편리한 경우가 있다. 이런 경우 손쉽게 Canva에서 QR코드를 만들 수 있다.

1. 앱에서 검색창에 Dynamic QR Codes라고 검색한다. 그러면 여러 가지의 QR코드 앱이 검색되는데, 그때 동적 QR코드를 추가하여 기존의 디자인에 추가하거나 새로운 디자인에서 사용할 수 있다.

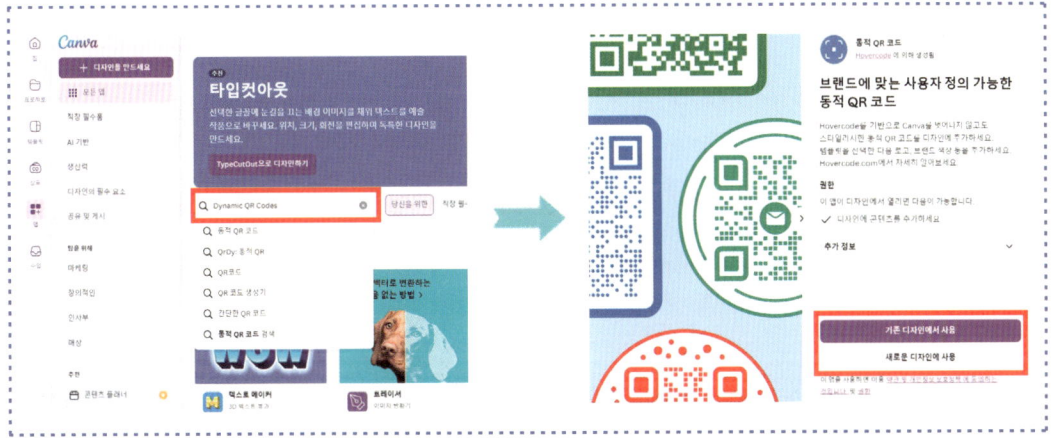

2. 기존의 포스터에 동적 QR을 추가하는 경우 왼쪽 화면에 선택할 수 있는 QR코드가 제시된다.

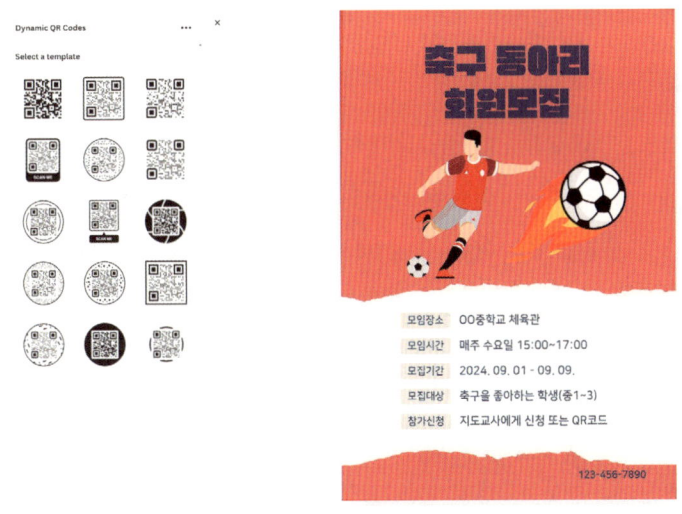

2. 업무에서의 활용

⟨QR코드 디자인을 선택하였을 때⟩

① Link는 관련 링크 주소를 입력하는 칸이다.
② Logo는 관련 JPEG와 PNG 파일을 업로드 할 수 있으나 크기가 제한된다.
③ Pattern color의 경우 QR코드 내부의 색을 의미한다.
④ Eye color의 경우 QR코드 옆의 이중 정사각형의 색을 의미한다.
⑤ Frame color의 경우 외부의 색을 의미한다.
⑥ 아래의 [copy pattern color]의 경우 Eye color와 Frame color를 Pattern color로 동일하게 맞춤을 의미한다.

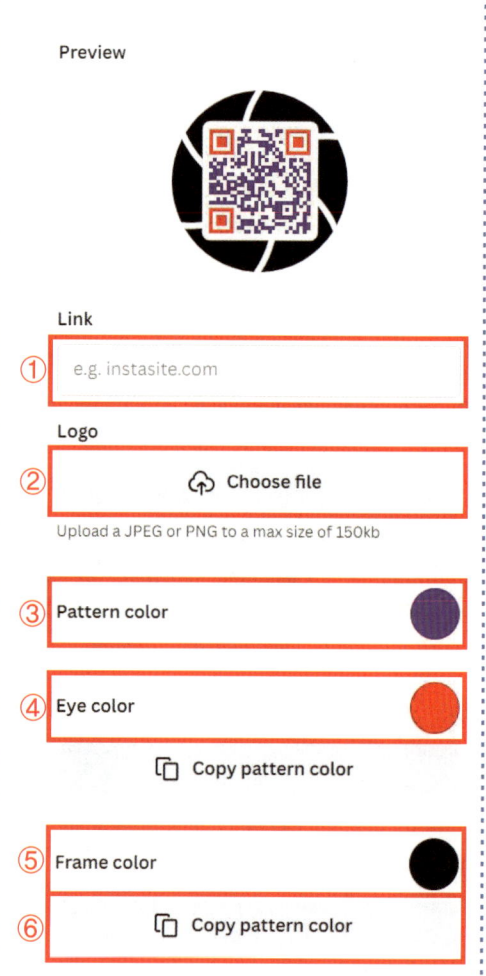

3. 작성된 QR코드는 [Add to Design]을 클릭하면 템플릿 안에 삽입된다.

모임장소	OO중학교 체육관
모임시간	매주 수요일 15:00~17:00
모집기간	2024. 09. 01 - 09. 09.
모집대상	축구을 좋아하는 학생(중1~3)
참가신청	지도교사에게 신청 또는 QR코드 신청

2.9 동영상 기능을 이용한 학급 영상(졸업 영상) 만들기

학생들의 소중한 순간을 담을 수 있는 학급 영상 또는 졸업 영상을 Canva의 직관적인 디자인 도구를 통해 쉽고 빠르게 멋진 영상을 만들 수 있다. 이 과정을 통하여 학생들은 자신의 성장과 학교에서의 소중한 순간을 되새기며 감사함과 행복을 경험할 수 있다.

1. 템플릿에서 검색어에 'graduation'을 작성하고, 필터에서 동영상을 체크하고 왼쪽 하단 [적용] 버튼을 클릭한다.

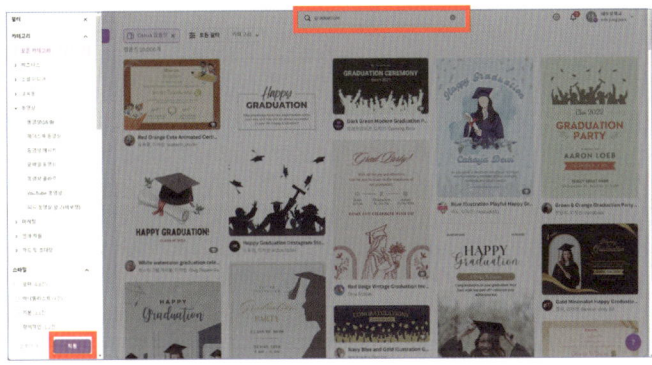

2. 검색 결과 많은 졸업 영상 템플릿을 확인할 수 있으며 마음에 드는 템플릿을 선택한 후 [이 템플릿 맞춤 편집하기]를 클릭한다.

  이후 편집 화면에서 각 요소들의 문구를 바꿀 수 있다.

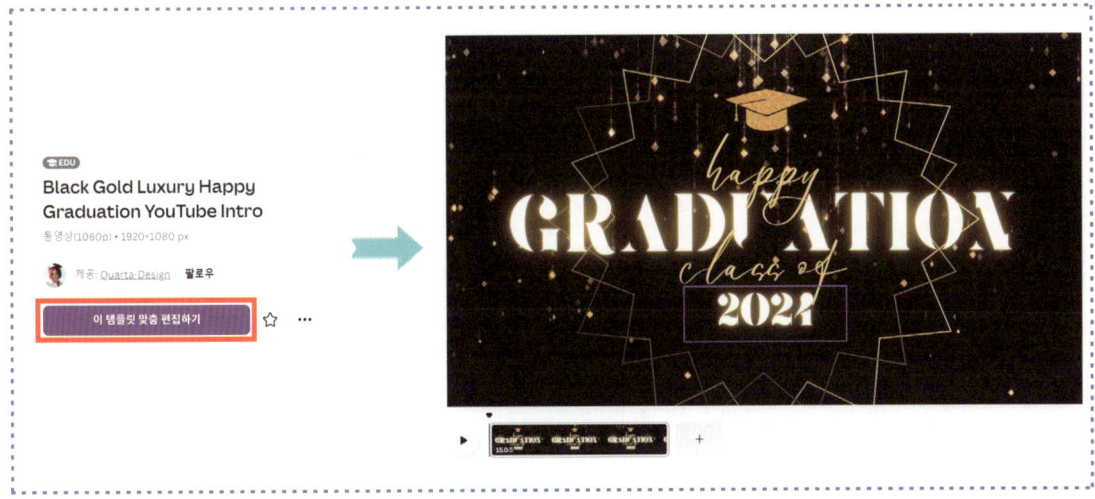

3. 수업에서의 활용

교사를 위한 캔바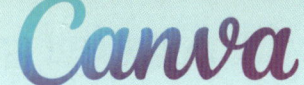

CHAPTER 03 수업에서의 활용

3. 수업에서의 활용

3.1 워크시트 검색 및 사용하기

캔바(Canva)는 다양한 워크시트를 제공하고, 각 요소를 수정하여 나의 수업에 맞게 수정하여 사용할 수 있다.

1. 영어 워크시트

'영어 워크시트' 검색 > 워크시트 선택 > 이 템플릿 맞춤 편집하기 선택

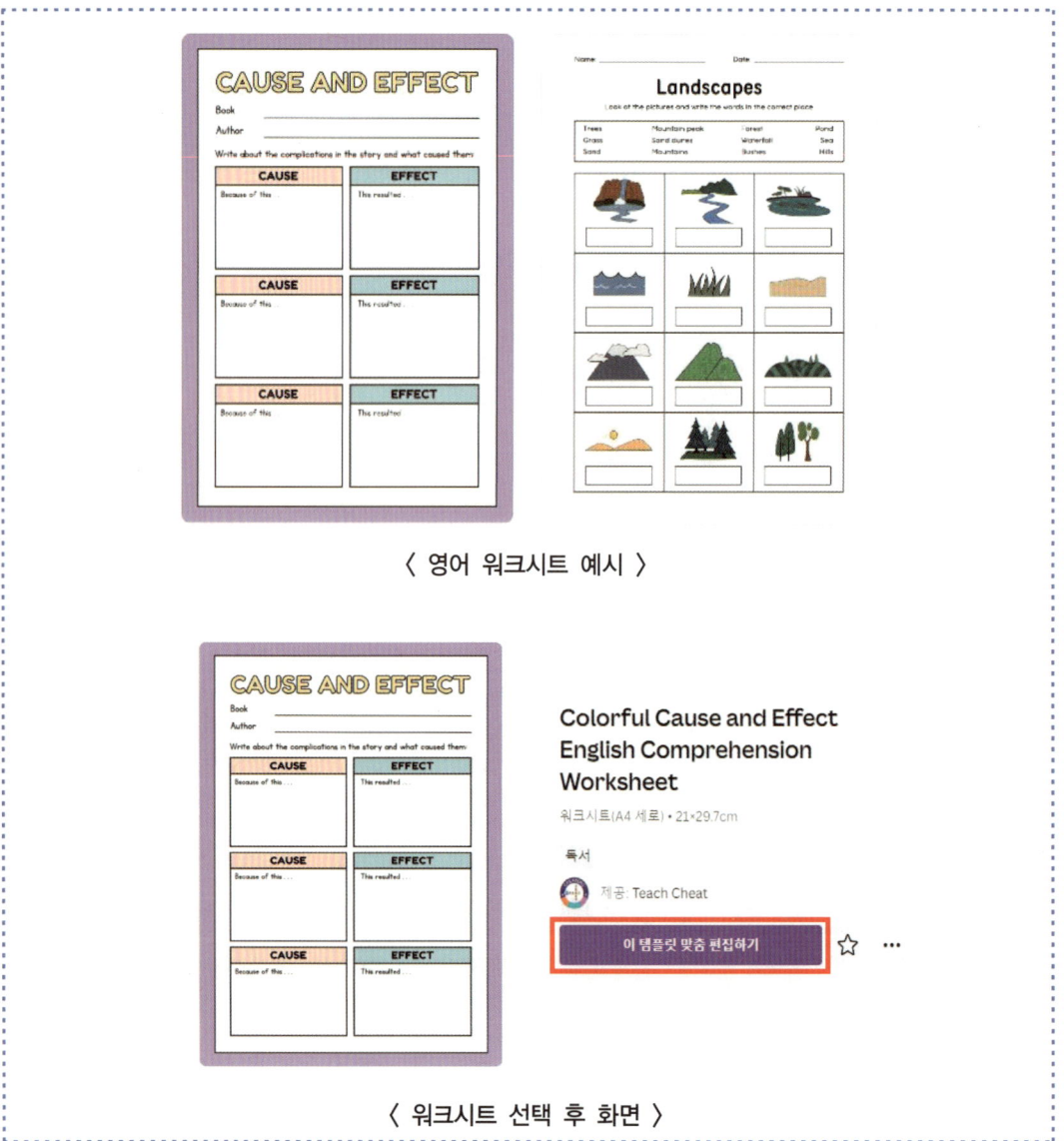

〈 영어 워크시트 예시 〉

〈 워크시트 선택 후 화면 〉

교사를 위한 캔바

2. 수학 워크시트

'수학 워크시트' 검색 > 워크시트 선택 > 이 템플릿 맞춤 편집하기 선택

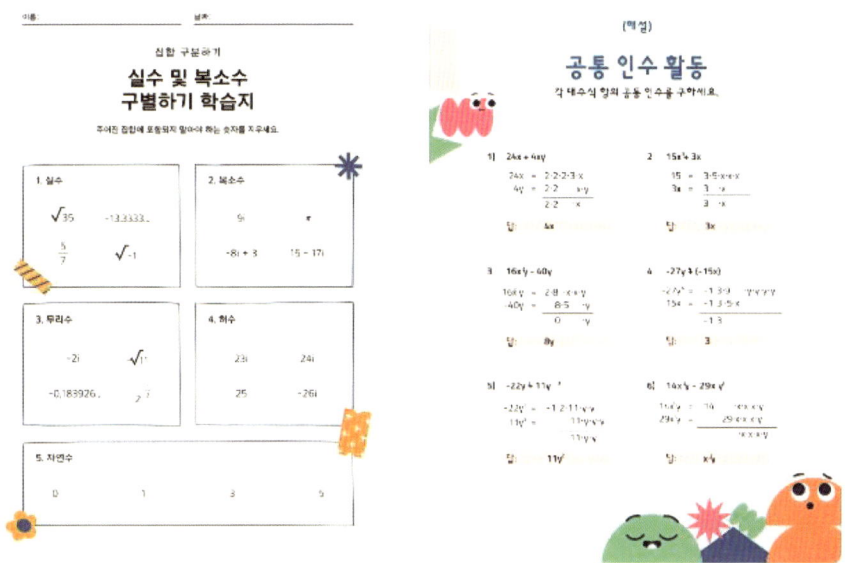

〈 수학 워크시트 예시 〉

3. 스토리 보드

'스토리 보드' 검색 > 워크시트 선택 > 이 템플릿 맞춤 편집하기 선택

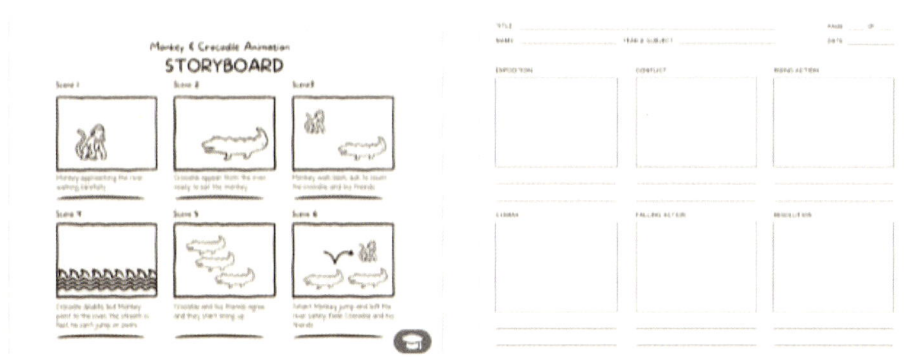

〈 스토리보드 예시 〉

3. 수업에서의 활용

4. 컷툰 (대화가 있는 만화 형태 제작 가능)

'컷툰' 검색 > 워크시트 선택 > 이 템플릿 맞춤 편집하기 선택

〈 컷툰 예시 〉

5. 기타 활동지

'활동지' 또는 특정 이름의 활동지를 검색해도 많은 활동지 양식을 제공받을 수 있으며 선택·수정하여 나만의 활동지를 제작할 수 있다.

교사를 위한 캔바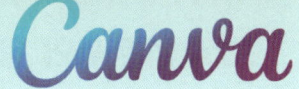

3.2 캔바를 이용한 지구환경 달력 만들기

미래의 더 나은 내일을 위한 지구환경 수업을 주제로 교과 시간에 '달력으로 배우는 지구환경 수업(최원영)'을 월별로 읽으며 환경을 지켜나가기 위해 인류가 지정한 세계 51가지 기념일을 나타내고 그 기념일에 어울리는 그림이나 사진을 제작하여 자신만의 지구환경 달력을 캔바(Canva)로 만들어 볼 수 있다. 기존에는 학생들이 종이로 된 달력에 직접 기념일과 관련된 그림을 떠올리고 손수 그림을 그려 달력 만들기 활동을 진행했는데, 교과 시간에 지킬 수 있는 우리의 실천 행동을 홍보하는 내용의 그림을 상징적으로 나타내기에는 학생들의 미술 실력이 부족한 경우가 많아 생각한 만큼 완성도 있게 작품을 만들지 못하는 문제점이 있었다. 이때 캔바를 이용한다면 미술 실력에 상관없이 학생들이 환경 문제에 대한 자신의 생각을 나타낸 지구환경 달력을 좀 더 손쉽게 만들 수 있다. 그 방법은 아래와 같다.

1. 캔바 첫 화면에서 탁상용 달력의 경우는 'desk calendar 2024', 벽 달력의 경우는 'calendar 2024'라고 검색한다. 또는 환경과 관련된 달력 템플릿을 원하는 경우 한국어보다 'environment'와 같은 영어로 검색하면 더욱 다양하게 나온다. 검색 후 나온 캘린더 템플릿을 하나 선정한다. 예를 들어 아래와 같이 캘린더를 선택 후 '이 템플릿 맞춤 편집하기'를 눌러 12개의 페이지를 생성한다. 예시로 4월 달력을 캔바로 만들어 보면 아래와 같다. 우선 '달력으로 배우는 지구 환경 수업(최원형)'을 참고하면 4월에는 여러 기념일이 있다.

기념일	내용
4월 4일	종이 안 쓰는 날
4월 7일	세계 보건의 날
4월 22일	지구의 날
4월 24일	세계 실험동물의 날
4월 25일	세계 펭귄의 날, 세계 말라리아의 날

위의 기념일 중에서 학생들이 선택해서 원하는 것만 달력에 상징적으로 나타내도 되고 모두 들어가게 할 수도 있다.

3. 수업에서의 활용

2. 요소 > 검색창에 'earth day' 입력 > 사진에서 마음에 드는 사진을 선택한 후 우클릭하여 [배경 교체]를 누른다.

3. 배경색이나 투명도를 조절하여 4월에 어울리는 화면을 구성한다.
   - 사진 편집 > 필터 > 선택

교사를 위한 캔바

4. 배경을 바꾼 후에는 빈 페이지나 다른 페이지에 알파벳 프레임이나 캔바의 다양한 그림 문자를 활용하여 달력을 꾸밀 수 있다.
   - 요소 > '알파벳 프레임' 검색 > 알파벳 프레임으로 'tree' 쓰기

   검색창에 'tree', 'april'을 검색하여 환경과 관련된 사진을 선택한 후 프레임에 넣은 후 크기 조절하여 4월 달력 화면에 구성

3. 수업에서의 활용

5. 글자의 크기와 위치를 조절하여 구성하고 불필요한 것들은 삭제, 또한 우클릭하여 페이지에서 색상 적용하기를 클릭하여 색상을 조화롭게 바꿀 수 있다.

6. 요소 > 텍스트 상자 추가하기 후 지구의 날과 관련된 책의 핵심 내용을 요약하여 입력한다.

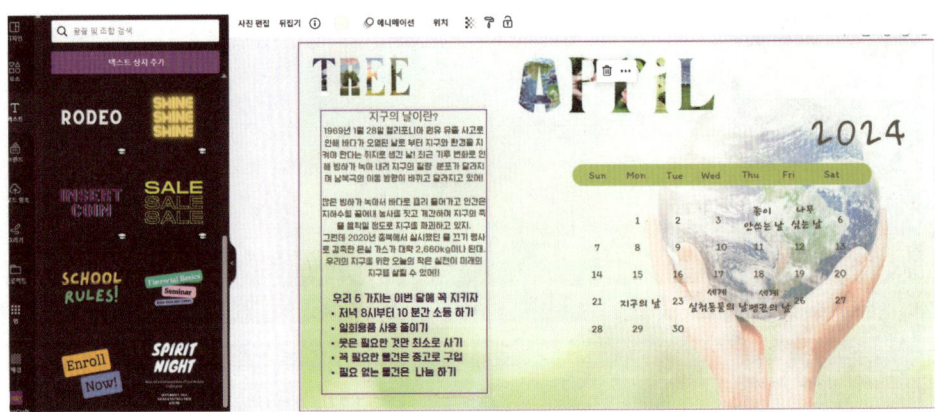

7. 요소 > 검색에 'earth day, arbor day' 입력 > 다양한 그림, 글꼴 추가하여 꾸민다.

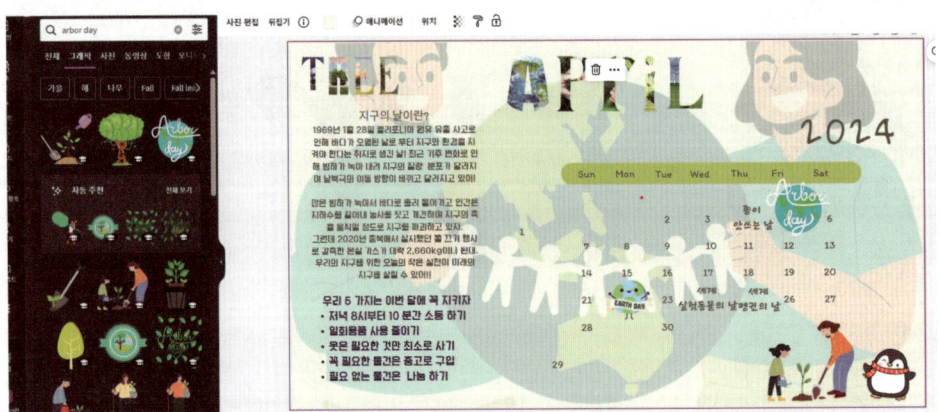

3.3 Bingo Cards를 활용한 수업

빙고 게임은 학생들의 참여를 유도하고 수업의 흥미를 높이는데 효과적이다. 학습 내용을 재미있게 복습할 수 있어 기억에 남는 학습 경험을 제공할 뿐만 아니라 다양한 주제를 활용할 수 있다. 또한 경쟁심을 자극하여 학생들 간의 소통을 촉진할 수 있다. 이는 Canva의 앱 Bingo Cards를 사용하여 수업에 활용할 수 있다.

1. 앱(Apps)에서 'bingo cards'를 검색한 후 첫 번째 앱을 선택한다.

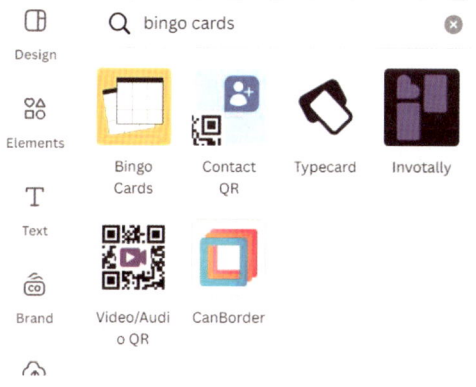

2. [요소]의 [그리드]에서 정사각형 4개의 그리드를 선택하여 선택한다.

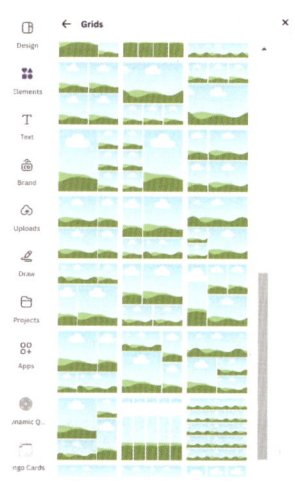

3. 수업에서의 활용

3. [Bingo Card] 앱에서 다음과 같이 작성할 수 있다.

① Enter some words는 빙고 칸 안에 들어가는 요소를 의미하며 생성형 AI를 이용하여 입력할 수 있다.

② Grid Size는 빙고의 크기를 의미하며 2*2, 3*3, 4*4, 5*5의 사이즈 중 하나를 선택할 수 있다.

③ Number of cards는 만들 수 있는 빙고카드의 수량을 의미한다.

④ Font는 글씨체를 의미한다.

⑤ Draw Gridlines는 테두리의 유무를 말하며 보라색이 있는 경우 테두리가 있는 것을 의미한다.

위와 같이 작성하면 다음과 같은 결과를 확인할 수 있다.

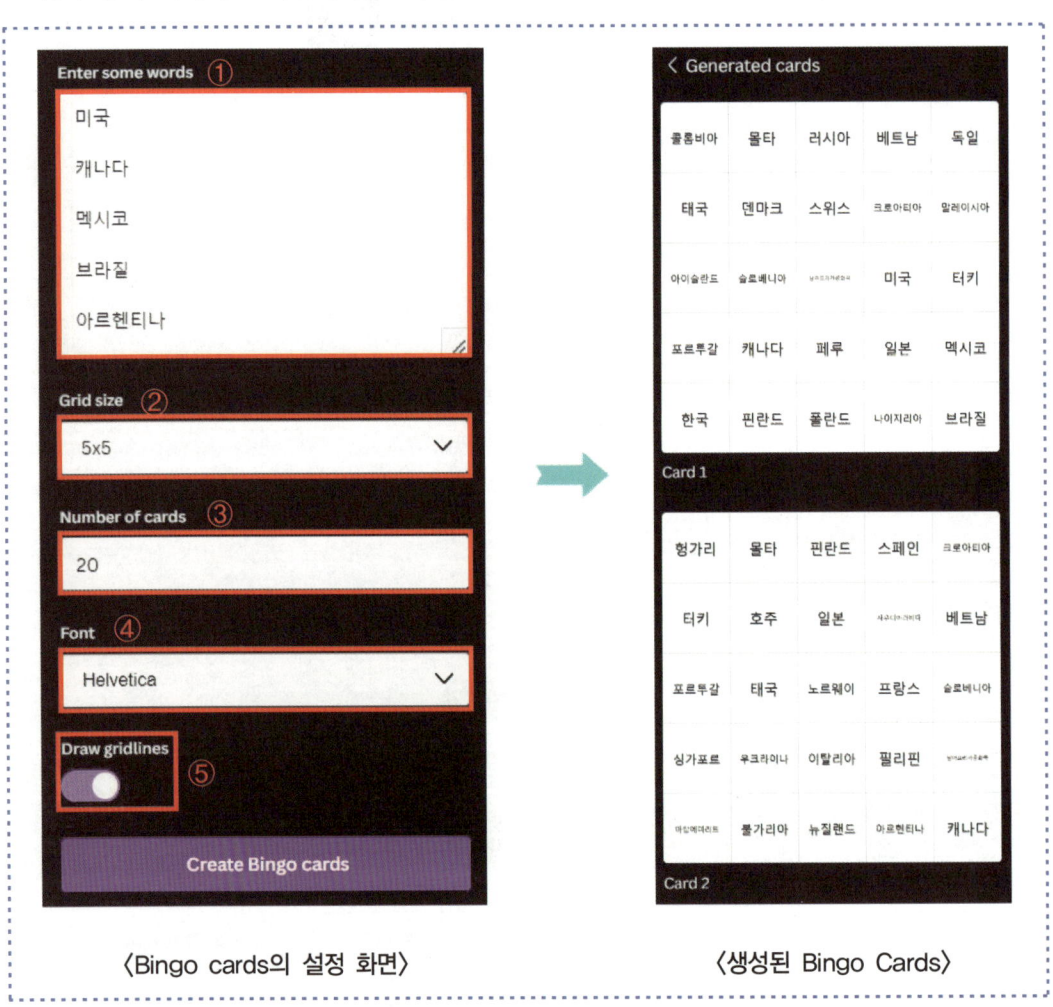

〈Bingo cards의 설정 화면〉　　　〈생성된 Bingo Cards〉

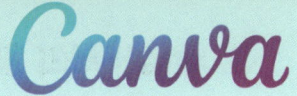

교사를 위한 캔바

4. 생성된 Bingo cards들은 템플릿으로 드래그하여 다음과 같이 만들 수 있다.

〈하나의 템플릿〉

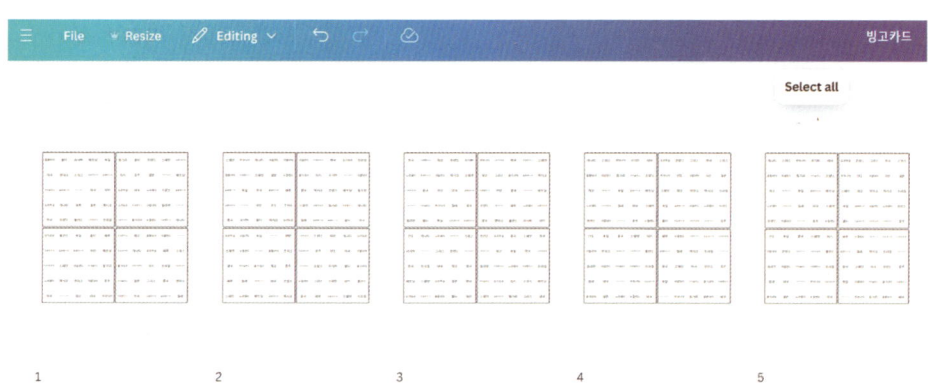

〈그리드뷰로 본 빙고판〉

3. 수업에서의 활용

3.4 수학 수업: 차트를 활용한 자료의 정리와 해석 익히기

2015 개정 교과 교육과정에 따른 평가 기준에 따르면 중학교 1학년 수학의 6단원 확률과 통계의 평가 기준은 다음과 같다.

교육과정 성취기준		평가기준
[9수05-03] 공학적 도구를 이용하여 실생활과 관련된 자료를 수집하고 표나 그래프로 정리하고 해석할 수 있다.	상	공학적 도구를 이용하여 실생활과 관련된 자료를 수집하여 표나 그래프로 정리하고 해석할 수 있다.
	중	공학적 도구를 이용하여 실생활과 관련된 자료를 수집하여 표나 그래프로 정리할 수 있다.
	하	공학적 도구를 이용하여 주어진 자료를 표나 그래프로 정리할 수 있다.

통계 포스터란? 어떤 현상이나 주제에 대하여 자료를 수집하고 이를 정리하고 해석하여 이를 하나의 포스터로 나타내는 것이다. 이때 자료에 적합한 방식을 선택하여 자료를 시각적으로 나타낼 수 있어야 한다.

GAISE[1] 보고서는 통계적 문제해결을 문제설정, 자료수집, 자료분석, 결과 해석의 4단계로 구성된 조사과정으로 간주하고, 다음과 같이 각 단계에서의 핵심이슈를 제시하였다.

문제설정	· 현안이 되는 문제를 구체화하기 · 자료를 가지고 해결할 수 있는 1-2문제를 형식화하기
자료수집	· 적합한 자료를 수집하기 위해 계획 디자인하기 · 자료를 수집하기 위해 계획 이행하기
자료분석	· 적합한 그래프 방법이나 수치적 방법 선택하기 · 자료를 분석하기 위해 선택한 방법 사용하기
결과해석	· 분석결과 해석하기 · 해석을 원래 문제와 연결짓기

---

[1] Franklin et al., 2005, p11

교사를 위한 캔바

4차 산업 시대에는 많은 데이터를 가지고 이를 분석하고 현 상황에 접목시킬 수 있는 기본적인 자료의 정리와 해석의 능력이 필요하다. 이를 통해 Canva를 통하여 통계포스터를 작성하는 방법을 고안하였다.

1단계인 문제설정을 하기 위하여 학생 개인 또는 3~4명의 소그룹으로 모둠을 형성하여 우리 생활 주변에서 학생들이 관심 있어 하는 주제를 설정하도록 한다. 이때, 주제 선정의 목적이 구체적으로 드러나도록 한다.

예를 들어, 우리 반 학생들의 하루 스마트 기기 사용 시간은 남녀 차이가 있을까? 학생들의 용돈은 얼마인가? 겨울철 각 가정의 전기사용량 등 다양한 주제가 나올 수 있다.

2단계인 자료수집을 위하여 선정한 주제에 해당하는 Google form을 이용하여 자료를 수집할 수 있다. 또는 공공데이터포털(https://www.data.go.kr/) 나 통계청 등 다양한 방법을 통하여 자료를 수집할 수 있다. 또는 학급 내에서 설문조사를 통하여 데이터를 수집할 수 있다.

3단계인 자료분석과 4단계 자료 해석을 위하여 수집한 자료를 줄기와 잎 그림, 도수분포표, 도수분포 다각형 등으로 나타내는 작업을 할 수 있다. 이때 캔바를 이용하면 자료의 분포 상태를 정교하게 그릴 수 있으며 분석 결과를 해석하기 유용하다.

1. 캔바의 템플릿에서 전단지(A4)를 선택한다.

3. 수업에서의 활용

2. 학생들의 기본 사항과 통계포스터의 주제, 주제 선정 이유, 조사 대상을 텍스트 추가를 통하여 기록한다.

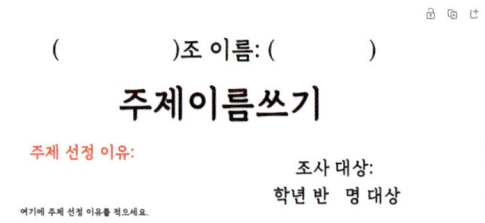

3. 도수분포표를 작성하기 위하여 [요소]에 있는 표를 선택하여 추가한다.

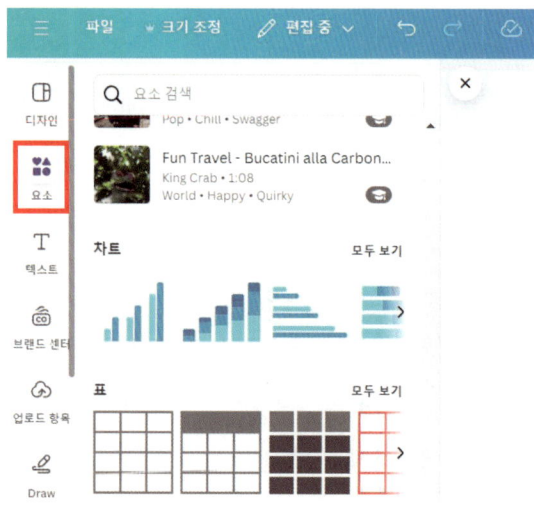

이때 표 왼쪽과 상단에 점 세 개의 마크를 클릭하면 표를 병합하거나, 행과 열을 추가하거나 삭제할 수 있으며 열 간격 맞추기 등 표에 관한 다양한 기능 들을 사용할 수 있다.

필통에 들어있는 학용품의 수(개)	학생수(명)
0개 이상 3개 미만	1
합계	20명

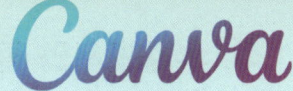

4. 요소에서 표 윗부분에 차트를 클릭하여 막대 차트, 선 차트, 원형 차트 및 도닛형 차드, 영역 차트, 산점도 및 점선 차트, 계층 구조 차트, 막대 차트, 인포그래픽 차트, 통계 차트 등 다양한 차트를 삽입할 수 있다. 막대 차트를 선택하면 차트 위의 색상 동그라미를 선택하여 차트 색을 변경할 수 있으며, 데이터를 선택하면 좌측에 데이터를 입력하거나 수정할 수 있는 화면이 생성된다.

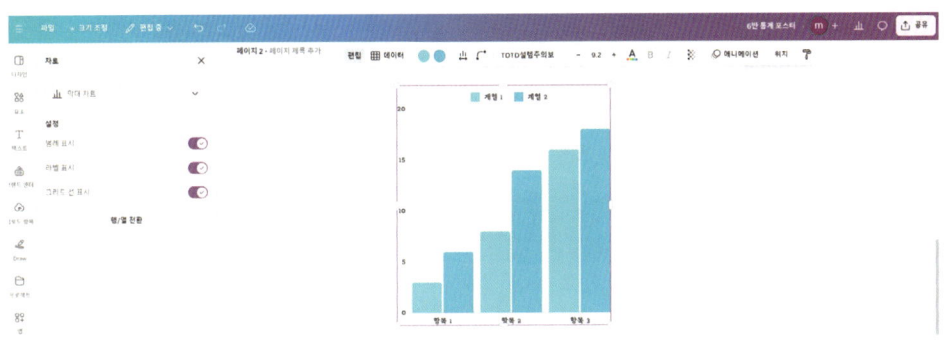

데이터 표 확대 버튼을 클릭하면 데이터 표를 편집할 수 있으며 계열이 여러 개인 경우 다른 색상의 막대 차트가 생성되며, 계열이 1개인 경우 한 가지 색상으로만 차트가 그려진다. 행/열 전환도 가능하며 Google Sheets로 데이터를 추가할 수도 있으며 XLSX, CSV, TSV 의 파일 형식으로 데이터 업로드도 가능하다.

3. 수업에서의 활용

입력된 차트는 좌측의 버튼을 통하여 누적막대 차트, 행 차트, 원형 차트, 도넛 차트 등 다른 차트로 변경도 가능하다.

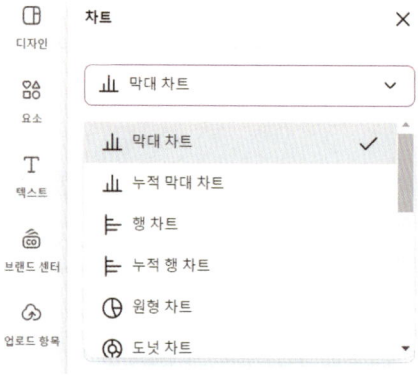

[차트 추가 설명]

인포그래픽 차트의 경우 5가지 유형의 차트가 있으며 설정에서 원하는 형태의 이미지를 선택할 수 있다. 또한 총 항목수와 항목 채우기, 간격을 통하여 데이터 분석을 시각적으로 표현할 수 있다.

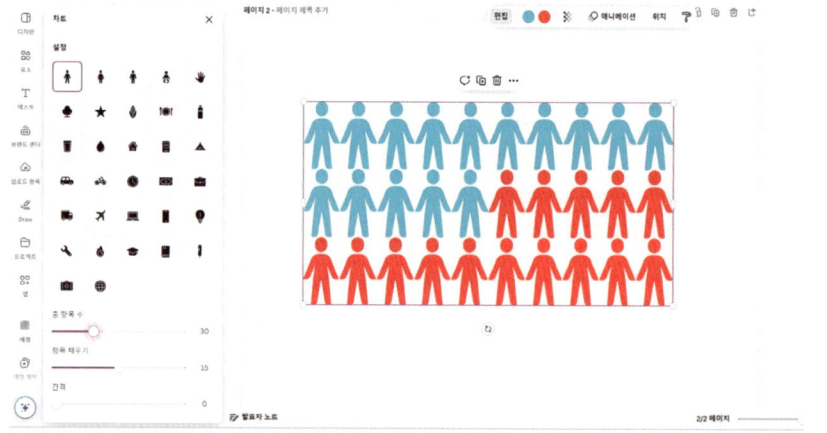

그밖에 진행 표시줄, 진행 표시링, 방사형 진행, 진행 표시 다이얼의 형태를 선택할 수 있으며 이는 백분율, 선두께, 백분율 라벨, 둥근 모서리를 설정할 수 있다.

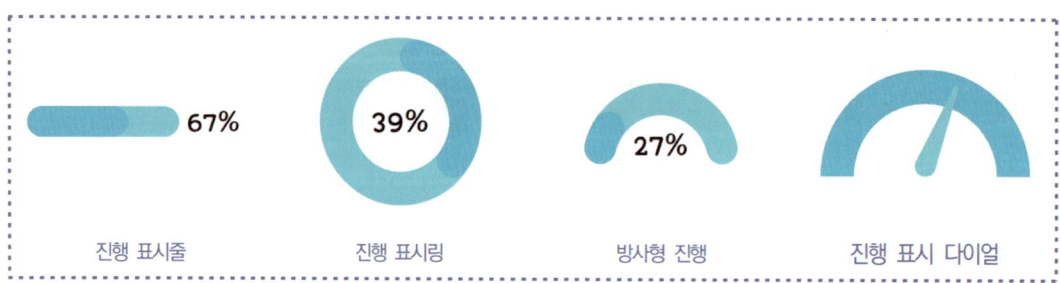

이렇게 교사가 기본 설정을 마친 뒤 [프로젝트]-[새 항목 추가]에서 수업에서 수업 할당을 하면 학생들이 캔바를 이용하여 통계포스터를 작성할 수 있다.

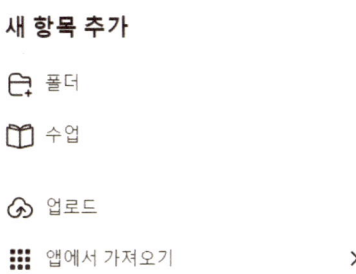

통계포스터를 완성한 학생들의 산출물은 다음과 같다.

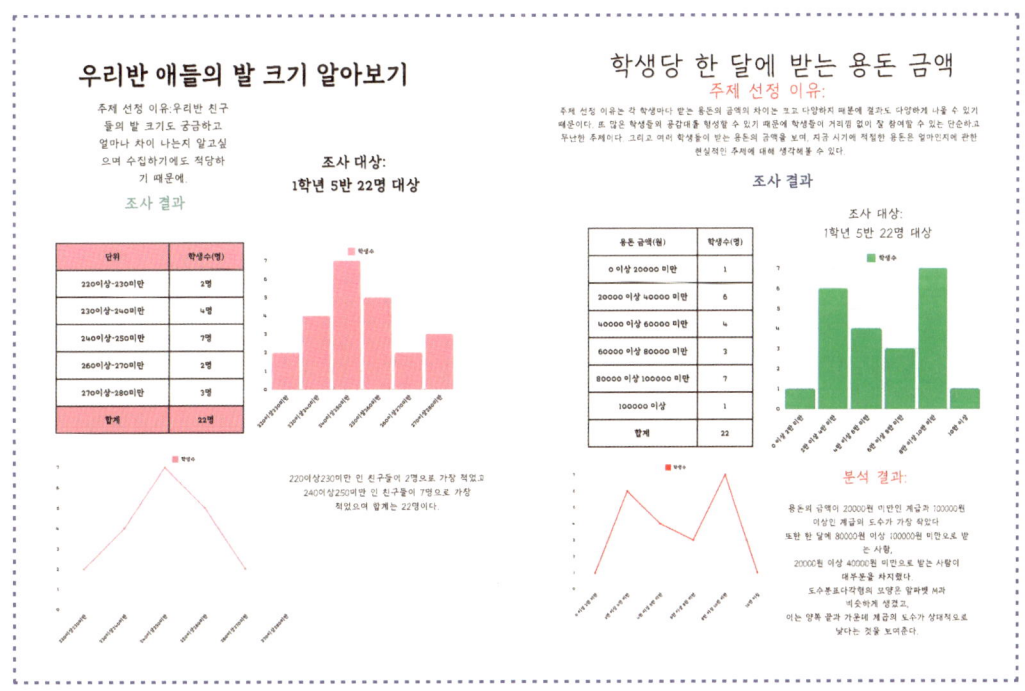

3. 수업에서의 활용

3.5 국어 수업: 그림책 만들기

국어 수업에서 캔바를 활용한 그림책 만들기 수업을 소개하고자 한다. 캔바에서는 다양한 크기의 캔버스 양식을 활용할 수 있고, 여러 제공되는 이미지뿐 아니라 생성형 이미지까지 새롭게 만들 수 있기 때문에 학생들이 구상한 그림책 스토리를 개성에 맞게 구현할 수 있다. 또한 마지막에 책자로 인쇄하거나, 플립북 형태로 공유도 가능하다.

그림책을 만들기 위해서는 사전에 국어 수업 활동이 필요하다. 국어 시간에 그림책을 만드는 목적은 예쁜 책을 만드는 기능을 익히고자 하는 것이 아니라, 국어 활동으로서 자신이 생각하는 주제와 목적에 맞는 이야기를 구상하고 효과적으로 표현하는 능력을 기르고자 하는 것이다. 따라서, 이와 관련하여 아래와 같은 사전 수업 활동이 이루어지고 난 이후의 활동으로 전개되면 더 효과적일 것이다.

캔바로 그림책 만들기 수업 전에 구상 가능한 활동 예시

- 그림책의 종류와 그림책 속 그림 및 글 배치 방식 알기
- 다양한 그림책을 읽고 독후활동하기
- 그림책으로 만들기 위한 자신만의 이야기 구상하기
   (주제 선정, 이야기 만들기, 스토리보드 작성하기, 피드백 등)

---

1. 책 표지 만들기

(1) 용지 설정: 디자인 만들기 〉 맞춤형 〉 '책' 검색 〉 원하는 사이즈 선택

 - 예시에서 활용한 사이즈는 '책 표지(1410*2250)' 활용

(2) 책 표지 디자인 방법

책 표지를 디자인할 때, 두 가지 방법을 활용할 수 있다. 먼저 기존에 캔바에서 제공되는 책 표지 템플릿을 활용하는 방법과, 직접 빈 용지에 다양한 요소와 텍스트를 추가해 표지를 만드는 방법이 있는데 각각 주제와 의도에 맞는 방법을 선택해 활용할 수 있도록 한다.

교사를 위한 캔바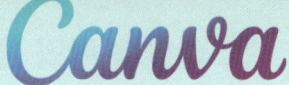

1) 기존의 책 표지 템플릿을 활용하기

- 요소: 원하는 그림 추가

〈기존 템플릿 제공 표지〉

〈요소 및 텍스트 추가 표지〉

- 텍스트:

▷ 기존 텍스트를 수정해 활용하거나, 새롭게 텍스트 상자를 추가해 편집 가능

▷ 텍스트 메뉴에 있는 기능을 활용해 텍스트 편집 가능하며, 그 중 [효과] 탭에서 다양한 '스타일'과 '도형' 기능 활용 가능

〈텍스트 '스타일' 기능〉　　　텍스트 '도형' 기능

3. 수업에서의 활용

2) 빈 용지에 새롭게 책 표지를 디자인하기

- 책 표지(1410*2250) 양식 선택
- 배경 꾸미기: 요소 > '그래픽' 또는 '사진' 이미지 중 그림책 주제와 어울리는 배경 그림 선택
- 텍스트 입력: 텍스트 > 제목 추가 > 제목 텍스트 입력 > 글씨체 변경
  : 제목 외, 책을 표현할 수 있는 다양한 문구를 추가 => 작가 이름, 간단한 책 설명, 출판사 등

〈Magic Write 기능 활용〉

5개 이상의 단어를 사용해 생성하려고 하는 내용을 간단히 입력해주면, AI 기능을 활용해 자동으로 글을 작성해준다. 이때, 어조도 추가로 지정할 수 있다.
책 표지에 간단히 책 내용을 소개하는 문구를 작성해서 붙이는 방법을 소개한다.

① Magic Write를 클릭한 후, 원하는 내용을 입력한다.

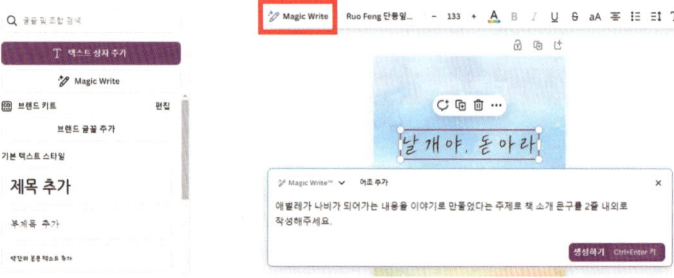

② 생성한 문구는 느낌과 어조를 바꿔 다시 표현 가능하다. 이때 텍스트 상자를 클릭한 상태에서, 위에 있는 [Magic Write] 탭을 누르면, 아래와 같이 '요약 만들기, 짧게 줄이기, 더 재미있게' 등의 기능이 나타나고, 원하는 기능을 선택하면 그에 맞게 문구를 생성해준다.

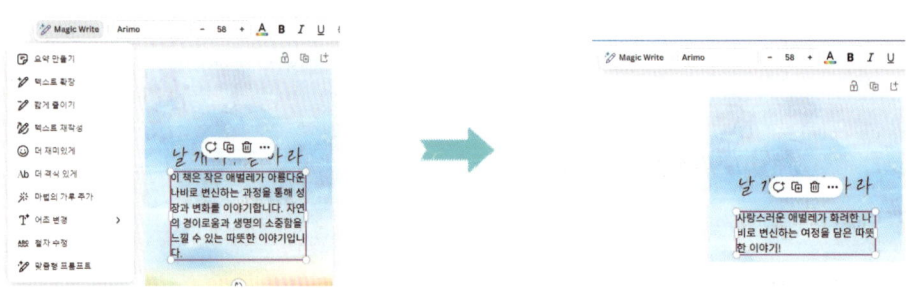

〈'더 재미있게' 기능을 활용해 수정된 문구〉

교사를 위한 캔바

- 요소 추가: 원하는 그림, 그래픽 요소 검색 > 이미지 선택 > 이미지 편집

〈이미지 편집 기능 활용〉

이미지를 선택해 활성화 시키면, 이미지 편집 가능한 툴이 생성된다. 이 툴의 기능을 활용해, 이미지 색상을 변경시키거나, 이미지 방향을 전환하거나, 이미지를 움직이게 하는 등의 편집이 가능하다.

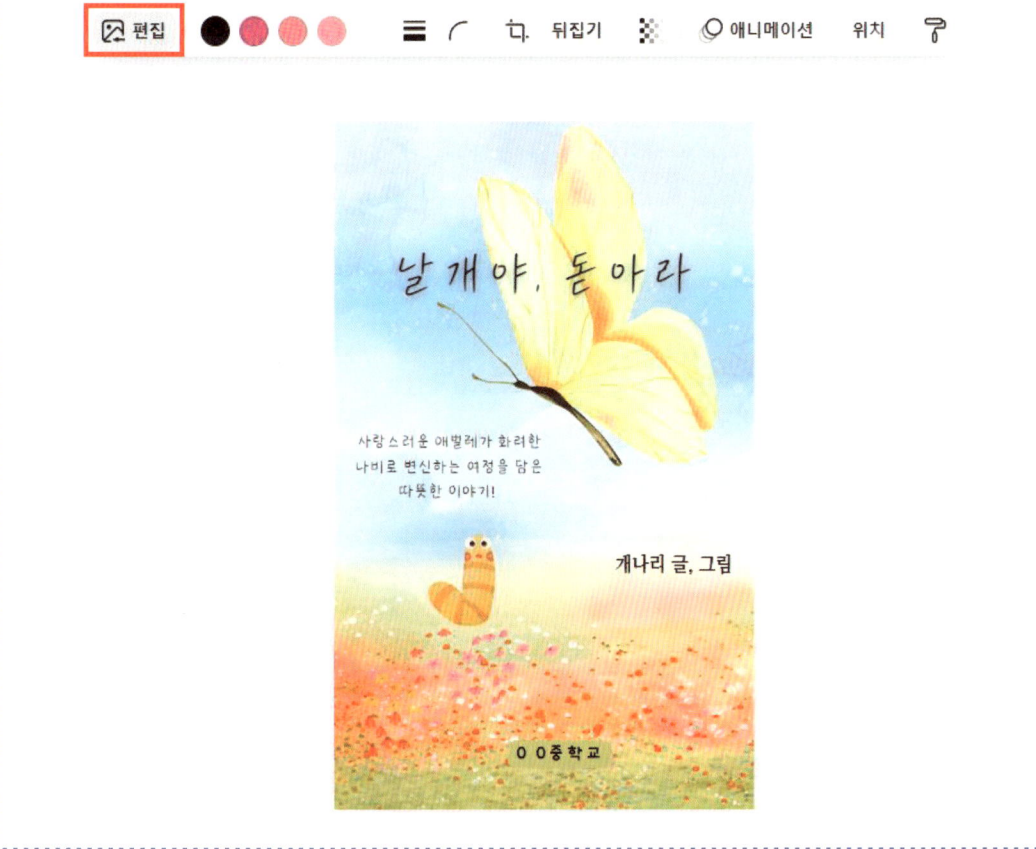

그 외에도 툴의 [편집]을 활용하면 더 많은 효과를 사용할 수 있다.

- 필터: 이미지의 톤과 색깔 변경(내추럴, 웜, 비비드, 소프트, 빈티지, 모노 등)
- 효과: 그림자, 이중톤, 흐리기, 자동 초점, Face Retouch
- 앱: 캔바 이미지 편집에 활용할 수 있는 앱과 추가 연결해 이미지 편집 가능
- Magic Studio: 배경 제거, 이미지 지우기, 텍스트 추출 등 유용한 기능 활용 가능

3. 수업에서의 활용

2. 그림책 본문 제작하기

그림책을 만들기 전, 앞서 서술한 것처럼 그림책 제작 스토리보드가 준비되어 있어야 한다. 그리고 실제 그림책 구성처럼 속표지, 작가 소개란, 본문 구성, 마지막 표지 등 각각의 특징에 맞도록 구성 계획을 미리 세운 후 그림책 제작에 들어가야 완성도를 높일 수 있다. 또한 스토리보드 작성 시, 책을 덮었을 때는 한 페이지이지만, 책을 펼쳤을 때는 두 페이지가 모두 보이는 책의 특성을 고려해 짝수, 홀수 페이지를 구상할 수 있도록 안내한다.

아래는 12쪽 본문을 구성한다고 했을 때를 고려한 페이지 작성 예시이다.

책 형태	쪽수	내용	쪽수	내용
1면	1	책 표지		
2면	2	책 표지 뒷면 (빈 페이지 또는 작가 소개 등)	3	속 표지
2면	4	본문 1	5	본문 2
2면	6	본문 3	7	본문 4
2면	8	본문 5	9	본문 6
2면	10	본문 7	11	본문 8
2면	12	본문 9	13	본문 10
2면	14	본문 11	15	본문 12
1면	16	뒤 표지 (뒤 표지 속 글, 바코드, 가격 등)		
12쪽 본문 그림책의 경우, 총 16쪽으로 계획 가능 (그 외 다양한 그림책 구성 적용 시, 변경됨)				

캔바로 그림책을 만드는 과정은 위의 구성 중, '4쪽 - 본문 1'에 해당하는 부분으로 소개하고자 한다.

'본문 1'에 해당되는 스토리보드는 아래와 같다.

장면	주인공 애벌레 '송이'가 하늘을 바라보며, 친구 개미와 이야기를 나누고 있다.
대사	개미: 송이야, 지금 무얼 그렇게 보고 있는 거야? 송이: 저 하늘을 봐. 예쁜 색을 가진 무언가 날아다니고 있어.
배경 요소	배경: 꽃이 핀 들판이 배경이며, 하늘 위에는 나비 몇 마리가 날아다니고 있다. 등장 인물: 송이, 개미 등장 인물 표정: 송이는 부러움의 눈길로 나비를 보고 있으며, 개미는 의아한 표정으로 송이를 바라보고 있다.

(1) 책 표지 사이즈와 같은 디자인 (1410*2250) 선택

(2) 배경 그림 및 요소 삽입

'요소'에서 배경 그림과 이미지를 편집해 '책 표지'에서 편집한 형태로 제작 가능하다. 그러나 여기에서는 'AI 이미지 생성기' 기능을 활용해 그림책 본문 배경 그림을 만드는 과정을 소개하고자 한다.

- 요소 > AI 이미지 생성기 > 나만의 이미지 생성 > 만들고 싶은 이미지를 5개 이상의 단어를 입력해 설명하는 문구 작성 > AI 이미지 생성 > 생성된 여러 이미지 중 선택(다시 생성 가능) > '스타일' 기능을 활용해 세부적으로 편집 가능

(3) 캔버스에 맞도록 이미지 크기 수정

빈 캔버스에 생성된 그림을 붙이게 되면, 아래처럼 사이즈가 캔버스와 맞지 않을 수 있다. 이때, 그림 크기를 조정해도 되지만, Magic Studio를 활용하면, 빈 공간에 이미지를 새로 생성해 확장하는 방법으로 캔버스를 채울 수 있다.

〈캔버스 사이즈와 맞지 않는 이미지〉

3. 수업에서의 활용

〈 Magic Studio 활용한 이미지 확장하기 〉

1) 이미지 선택 〉 이미지 편집 툴 활성화 〉 '편집' 선택 〉 Magic Studio의 'Magic Expand' 선택

2) Magic Expand 〉 사이즈 선택 〉 자유 형식 〉 Magic Expand 실행

3) 새로 확장되어 생성된 이미지 중, 원하는 이미지 선택(다시 생성 가능)

교사를 위한 캔바

(4) 배경 이미지에 텍스트 삽입: 텍스트 〉 효과 〉 스타일 〉 배경 〉 음영 스타일 편집(둥근 정도, 확산, 투명도, 색상 조절)

텍스트 추가 후, 배경 그림 위의 텍스트가 잘 보일 수 있도록 텍스트 주변에 음영을 주는 스타일로 편집을 하면 효과적으로 글씨를 부각시킬 수 있다.

(5) 그림책 페이지별 구성: 1쪽부터 차례로 '페이지를 추가'하여 스토리보드에 계획한 대로 장면을 구성

3. 수업에서의 활용

3. 플립북으로 그림책 공유하기

(1) 플립북으로 저장하기

오른쪽 위 '공유' 〉 아래쪽 '모두 보기' 〉 디자인 〉 Heyzine Flipbooks 선택 〉 'Heyzine Flipbooks 앱'에서 저장하기

(2) 플립북으로 공유하기

Heyzine Flipbooks에서 보기 〉 Heyzine Flipbooks 사이트로 이동 〉 제작된 그림책 보기 〉 그림책 클릭 후, 공유 방법 선택 (여기에서는 '링크 복사'로 선택)

(3) 그림책 보기

실제 책을 넘기는 방식으로 제작되어, 책의 느낌과 가깝게 표현됨. 또한 책을 넘길 때, 종이 넘기는 소리 삽입 등의 효과도 넣을 수 있어 다양하게 공유 가능

3.6 기술·가정 수업: 의복 디자인의 요소 이해하기

1. 패턴 디자인

자신의 성격이나 취향 등에 따라 의복에 대한 욕구가 다르고, 표현하고자 하는 모습이 다르다. 의복 디자인의 요소를 활용하여 자신에게 잘 어울리면서 개성을 살리는 옷을 디자인해보자.

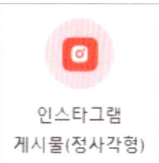

정사각형 사이즈의 페이지를 열기 위해 **디자인만들기 > 소셜미디어 > 인스타그램게시물(정사각형)**을 선택한다. 캔바에서 디자인 페이지를 고를 때에는 유형에 관계없이 사이즈를 보고 고르는 것이 좋다. 정사각형 디자인은 주로 인스타그램 게시물(정사각형)을 선택한다.

(1) 줄무늬 무늬

요소 > 도형 > 사각형을 선택하고 가로, 세로의 길이를 조정하여 가로 줄무늬를 만든다. 도형을 선택하고 alt 키를 누른 채 드래그하면 복사가 되는데, 이를 활용하여 전체적인 줄무늬 디자인을 완성한다.

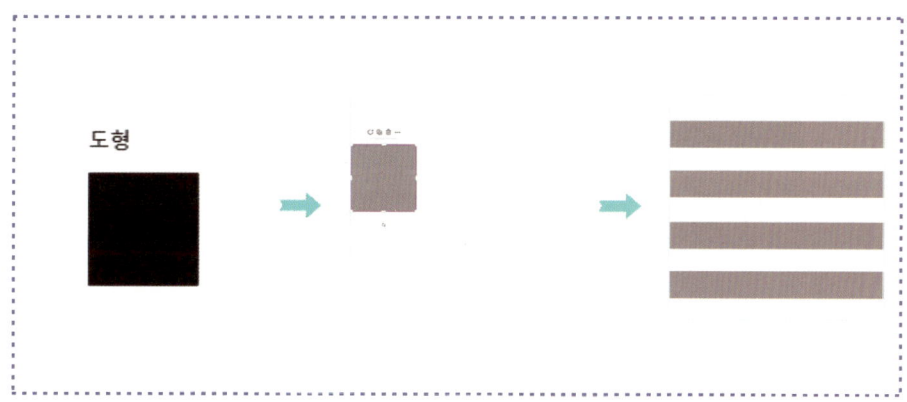

자신에게 어울리는 색으로 변경한다. 흰 배경을 선택하면 상단에 메뉴가 팝업되는데, [배경색상]을 선택하여 색을 변경한다.

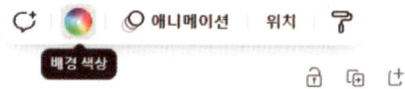

3. 수업에서의 활용

회색 사각형을 선택하면 상단에 속성창이 팝업되는데, 색상을 선택하여 수정하면 된다.

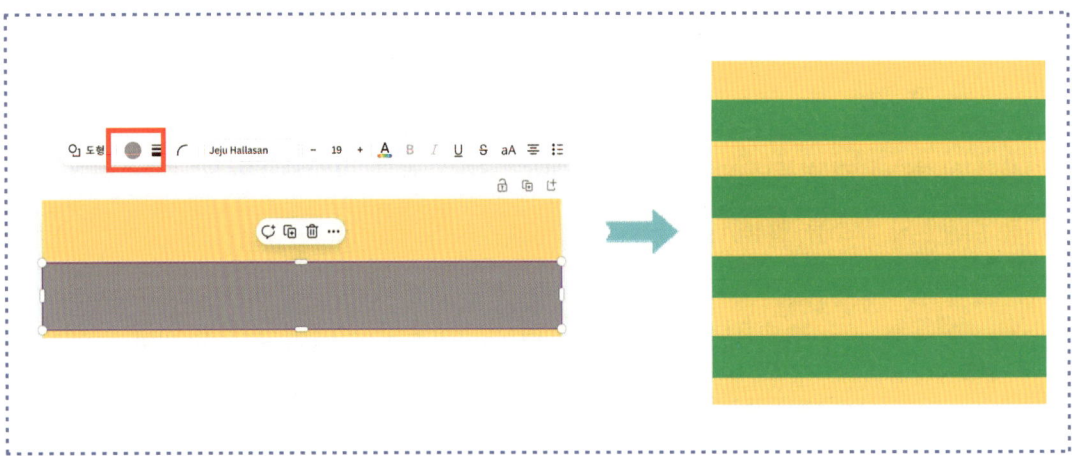

(2) 사선 무늬

[페이지 추가] 버튼을 선택하여 사선 무늬를 디자인해 보자.

위에서 작업한 직사각형 하나를 복사해서 놓고, 회전 도구를 선택한다.

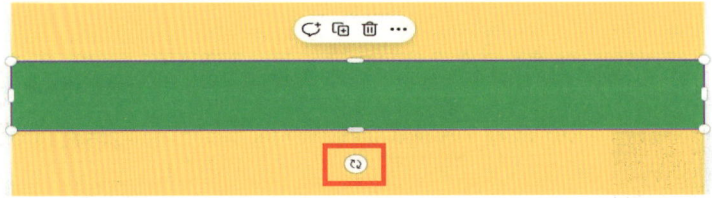

적당히 회전하고, 복사하여 사선 무늬를 완성한다.

(3) 꽃무늬

[페이지 추가] 버튼을 선택하여 꽃무늬를 디자인해보자.

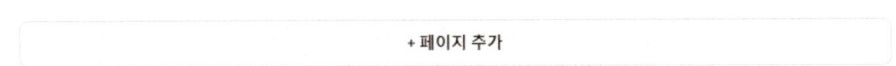

왼쪽 메뉴에서 [요소]를 선택하여 'flower pattern'을 검색하고 그래픽 > 모두 보기를 선택한다.

맘에 드는 큰 꽃무늬 패턴을 선택하고, 페이지 추가해서 작은 꽃무늬도 선택한다. 디자인을 선택하고 마우스 오른쪽 버튼을 클릭하고 팝업메뉴에서 [배경 교체]를 선택하면 페이지 전체에 디자인을 적용할 수 있다.

3. 수업에서의 활용

(4) 기하학무늬, 점무늬

[페이지 추가] 버튼을 선택하여 기하학무늬와 점무늬를 디자인해보자.

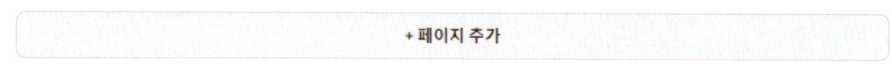

왼쪽 메뉴에서 [요소]를 선택하여 'check pattern'을 검색하고 **그래픽 > 모두 보기**를 선택한다. 꽃무늬 패턴과 같은 방법으로 체크 패턴을 선택해서 디자인하고, 같은 방법으로 기하학무늬, 점무늬를 디자인한다.

검색: check pattern, geometric patterns, dot patern

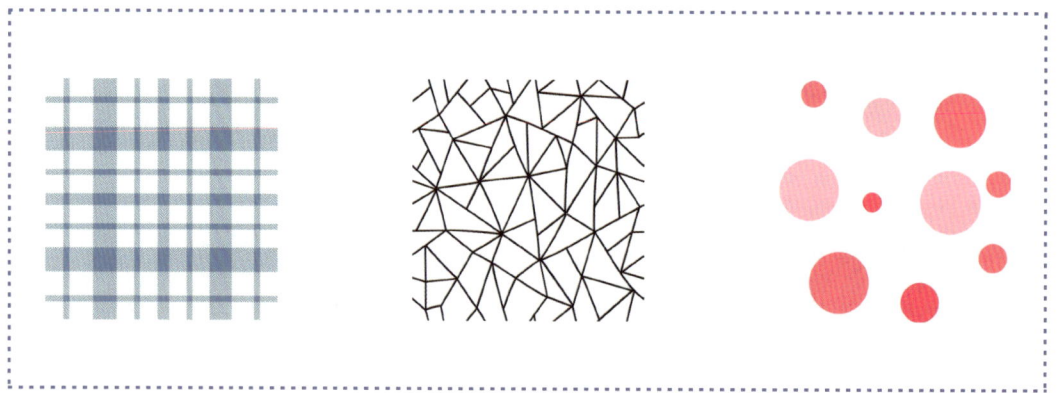

디자인을 그림파일로 저장하기 위해 **공유 > 다운로드 > jpg**로 다운로드한다.

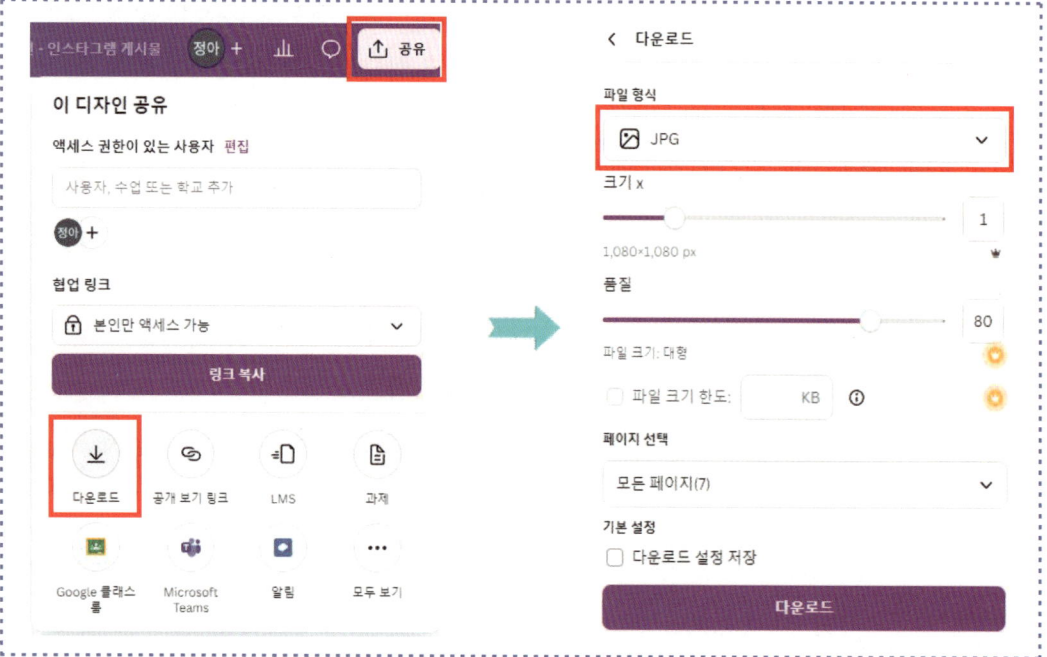

116

2. 목업을 이용한 의류 디자인

디자인을 추가하여 새로운 디자인을 연다. 페이지 크기는 자유롭게 하고, **요소 > 목업**을 선택하거나, 메뉴의 '앱추가'를 활용하여 **mockup**을 실행한다. [의상]의 [모두 보기]를 선택한다.

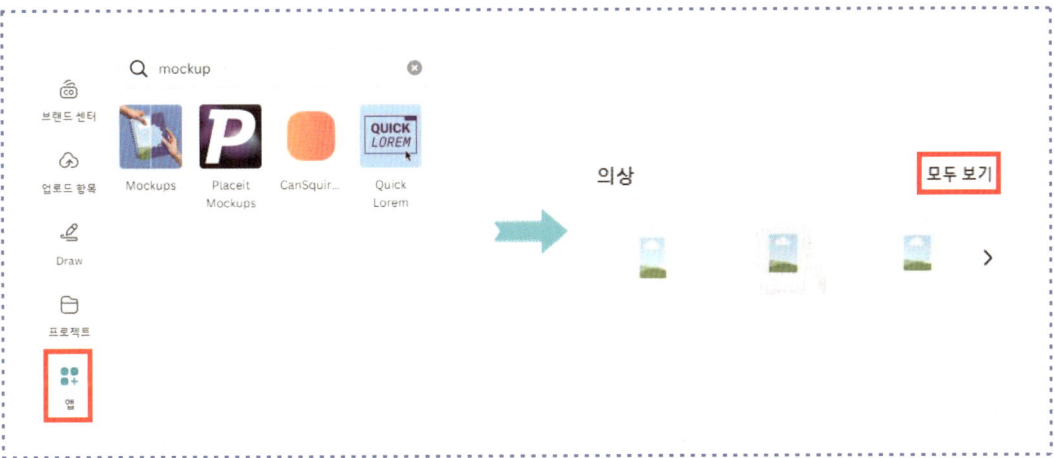

옷 전체에 디자인이 적용될 수 있는 것을 선택하고, 그 위에 저장해 놓은 디자인 그림 이미지를 삽입한다. 현재 목업을 할 수 있는 의상은 대부분 옷의 전체적인 디자인보다는 중앙에 디자인을 작게 삽입하는 경우가 대부분이다. 이 점이 아쉽긴 하지만 내가 디자인한 패턴이 옷에 적용되는 것을 연출할 수 있어 학생들에게는 더욱 재밌고 유용한 경험이 될 것이다. 그리고 캔바의 앱과 기능들은 지속적으로 업데이트되고 있으므로 추후 더욱 적합한 앱이나 도구가 개발될 것으로 기대한다.

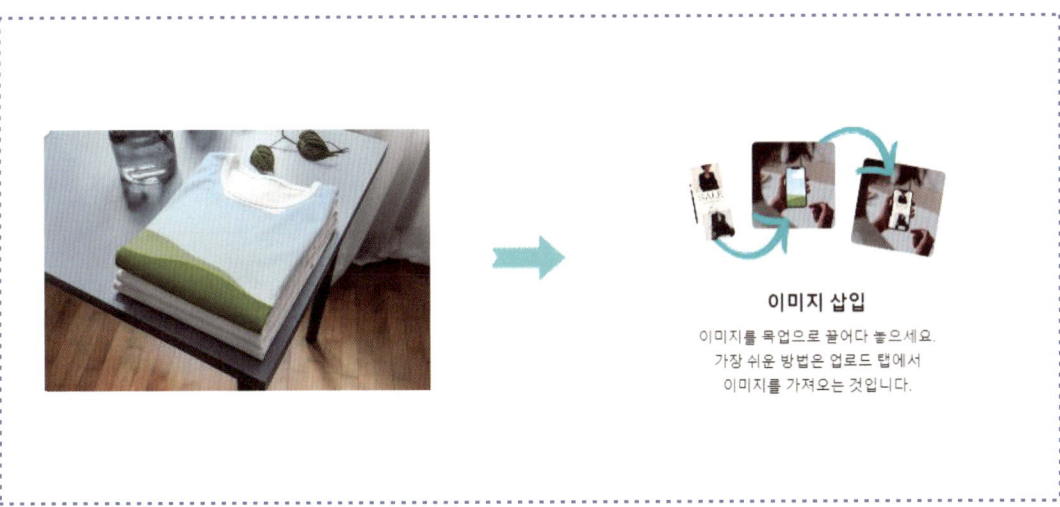

3. 수업에서의 활용

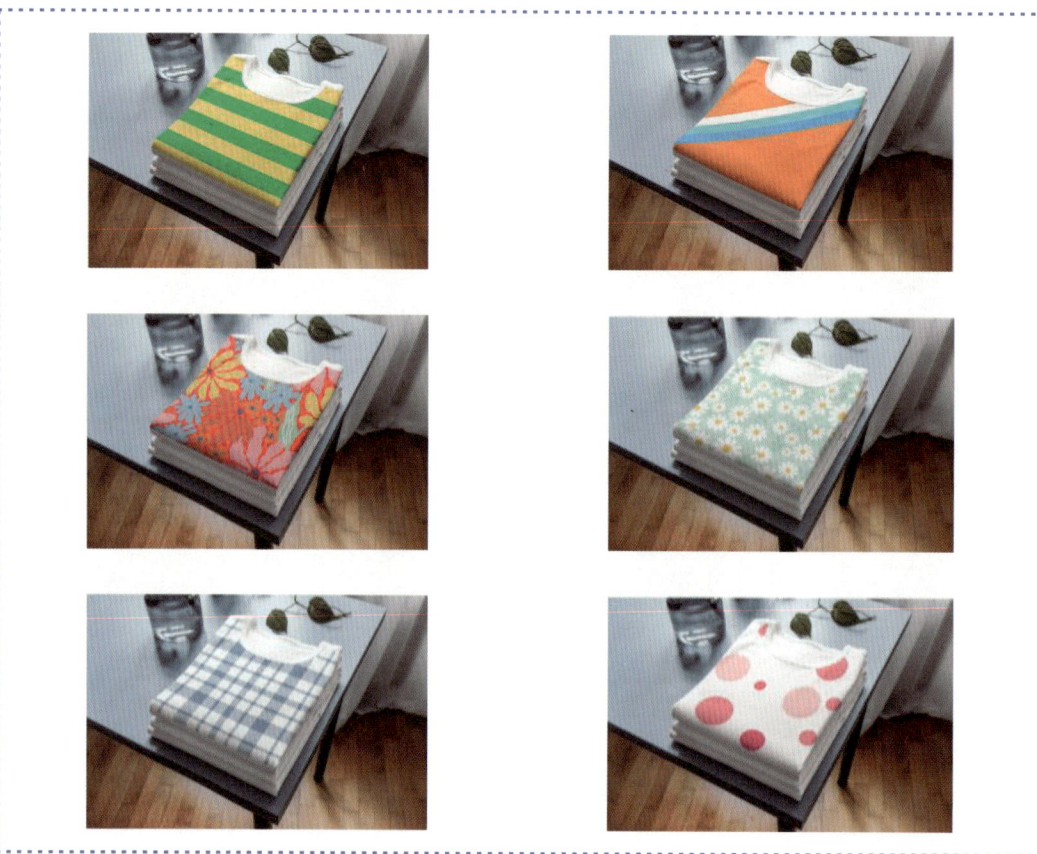

3. 프레임을 활용한 의류 디자인

요소 > '티셔츠 프레임' 검색 > 이미지 삽입해서 완성

3.7 상장 또는 단어카드 대량 제작

한글, 엑셀, 워드 기능을 살펴보면 '메일 머지 기능'이 있다. 메일 머지(mail mergy)에서 머지(Mergy)라는 단어는 병합을 뜻한다. 여러 사람에게 동일한 내용의 편지를 발송하기 위해 사용되는 기능이다. 학교에서 담임 선생님이 각 가정에 편지를 발송하거나, 상장을 제작할 때 사용한다. 이런 기능을 캔바에서도 활용할 수 있으며 대량 제작기능으로 제공하고 있다.

1. 상장 대량 제작하기

학년말이면 담임 선생님이 학급 학생들에게 학급담임이 주는 상장을 작성하여 학생들에게 나누어 주는 경우가 있다. 이런 상장의 경우 상장명과 상장 내용이 조금씩 다르다. 한글에서 메일 머지 기능을 활용할 수 있지만 다양한 사진이나 이모티콘을 삽입하는데 어려움이 있다. 이런 어려움은 캔바를 통해 해결할 수 있다.

(1) 디자인 만들기 검색〉 상장 검색

캔바에서 제공하고 있는 상장은 기본적으로 가로형을 제공한다. 세로형으로 제작하고 싶으면 워크시트(A4 세로형)으로 작업하면 된다. 상장을 직접 만들어 보자.

① 워크시트(A4 세로형)를 선택하고, 테두리와 기본적인 상장 형태를 제작한다.
② 캔바 메뉴에서 [앱] 버튼 을 누른다.
③ 'Canva 앱 검색'에서 대량 제작을 입력하여 '대량 제작 앱'을 검색하여 설치한다.
④ 대량 제작 앱을 실행한다.

3. 수업에서의 활용

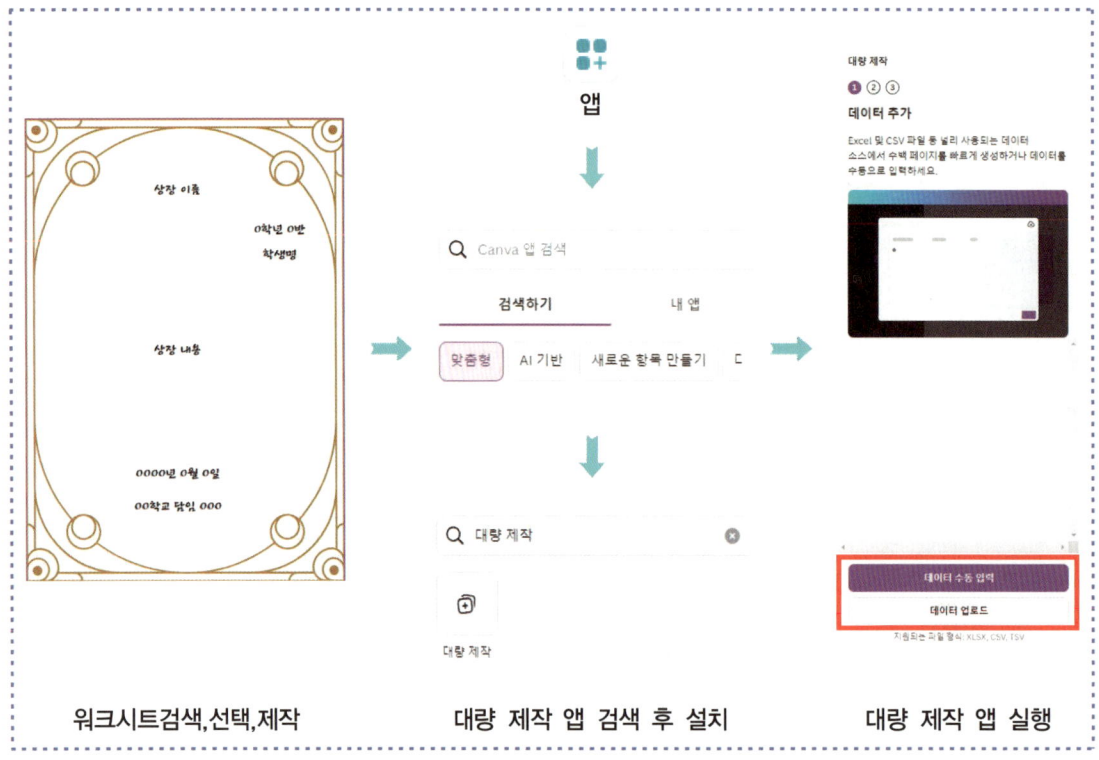

| 워크시트검색,선택,제작 | 대량 제작 앱 검색 후 설치 | 대량 제작 앱 실행 |

앱을 실행하면 대량 제작하는 방법이 총 3단계를 통해 진행됨을 알 수 있다.

첫 번째 단계는 '데이터 추가 단계'이다. 엑셀과 CSV 파일을 이용하여 미리 작업한 데이터를 업로드하는 방법과 데이터를 수동으로 입력하는 방법이 있다.

	상장 이름	학생명	상장 내용
1	친절상	슈바이처	이 학생은 평소에 학
2	인내상	이순신	
3	용감상	안중근	
4	부지런상	멘델	
5	상상이상	아인슈타인	
6	똑부러져상	세종대왕	
7	재능상	정약용	
8			
9			

[데이터 수동 입력]을 통해 대량 상장을 만들어 보자. 새로운 창이 뜨면서 텍스트 추가, 이미지 추가를 할 수 있다. [표 지우기] 버튼 을 눌러 초기에 작성되어 있는 내용을 지우고 텍스트를 추가하여 3개의 텍스트가 들어갈 수 있도록 표를 구성하자. 상장 이름, 학생명, 상장 내용 순서대로 표의 제목을 작성하자.

상장 내용과 학생 성명, 상장 내용을 입력하여 준다. 입력을 다 한 후 완료 버튼을 누르면 다음 단계로 넘어간다.

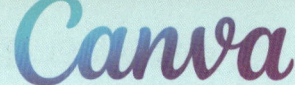

두 번째 단계는 '데이터와 요소를 연결하는 단계'이다. 작성한 데이터 필드와 페이지 요소를 연결해주는 단계이다. 데이터 필드와 페이지 요소를 내용에 맞게 연결하자.

페이지에서 [상장 이름]을 클릭하고 '더보기 버튼 …'을 누르면 데이터 연결이 생긴 것을 확인할 수 있다. [데이터 연결]을 누르면 사전에 작성해 두었던 상장 이름, 학생명, 상장 내용 데이터 필드가 나타난다. 해당 요소에 맞게 데이터를 연결하여 주면 된다.

학생명과 상장 내용도 동일한 방법으로 데이터 필드와 연결하자.

데이터 필드와 페이지 요소가 연결이 된 것을 확인할 수 있다. 연결에 이상이 없으면 [계속] 버튼을 누른다.

3. 수업에서의 활용

세 번째 단계는 '데이터 적용 단계'이다. 입력한 데이터를 바탕으로 페이지를 생성한다.

최종적으로 확인하고 이상이 없으면 **[디자인 생성]** 버튼을 누르면 제작이 된다. 그러면 새 탭이 만들어 지면서 대량 제작된 상장을 확인할 수 있다. 최종본을 보고 세부적인 부분만 수정하면 짧은 시간에 많은 상장을 제작할 수 있다.

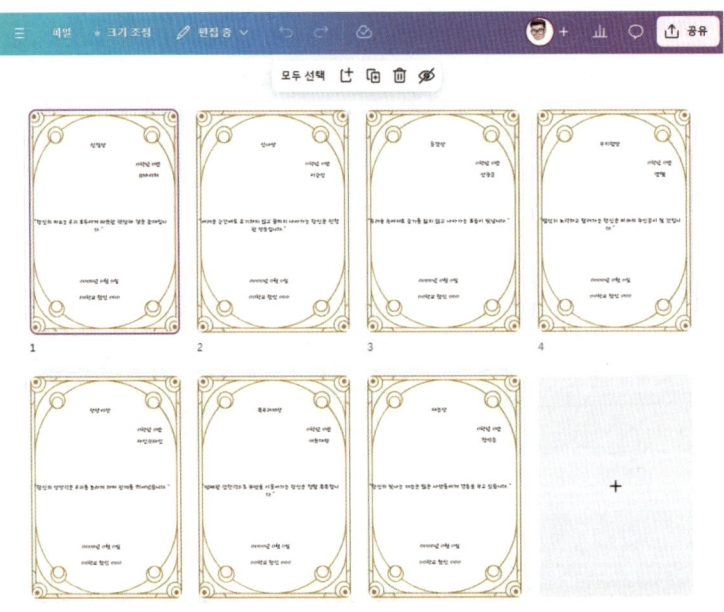

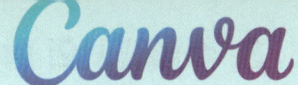

2. 단어카드 만들기

대량제작 기능을 활용하여 단어카드를 만들어 보자.

(1) 디자인 만들기 > 명함 > 명함(가로형) 8.5cm*5cm를 선택하여 제작하여 보자.

두 개의 페이지를 만들어서 1번 페이지에는 강아지 사진을 넣었고, 2번 페이지에는 영어 단어 텍스트를 입력하였다.

대량 생산에서 이미지 데이터 필드를 연결하기 위해서는 '**이미지 요소**'가 필요하고 텍스트 필드는 연결하기 위해서는 '**텍스트 요소**'가 필요하다.

3. 수업에서의 활용

　이미지를 넣기 위해서는 본인 계정에 다운로드 되어 있는 이미지나 공유된 이미지만 넣을 수 있다. 동물과 관련된 영어 단어카드를 제작한다고 하면 학습시키고자 하는 동물 사진을 본인의 캔바에 파일을 미리 업로드 시켜두어야 한다.

　상장과 동일하게 데이터를 연결하고 제작하기를 누르면 영어 단어장이 만들어진다. 만들어진 단어카드를 PDF 파일로 다운로드 받은 후에 양면인쇄 기능을 활용하면 간단하게 단어장을 제작할 수 있다.

교사를 위한 캔바

3.8 수학 수업: '삼각형의 외심' 문서 만들기

삼각형의 외심의 개념과, 관련 영상, 삼각형의 모양별 외심의 위치를 넣어 문서를 작성해보자.

1. 문서 디자인 구성

(1) 디자인 만들기 > 워크시트 세로형 > 맘에 드는 디자인 선정하여 아래와 같이 수정한다.

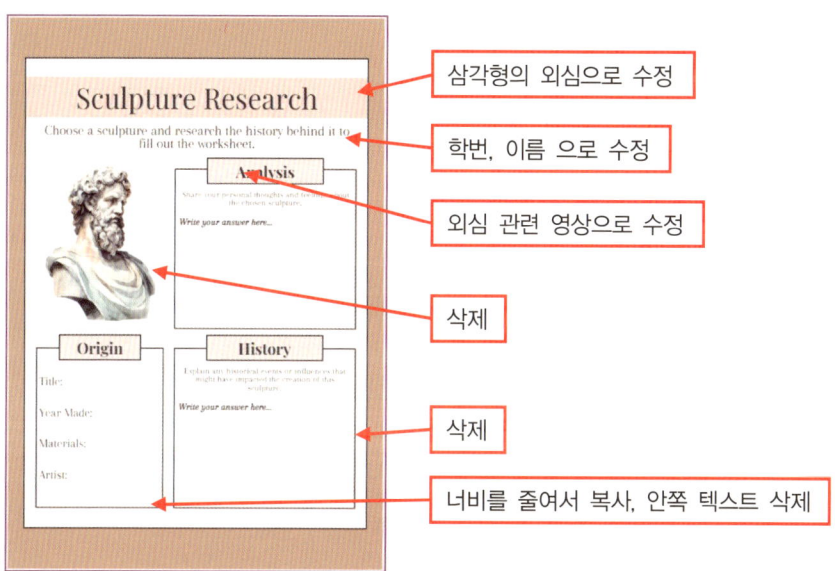

(2) 텍스트 수정 시 글씨 크기는 더블클릭하거나 블록 지정하여 생기는 팝업 메뉴에서 조절한다.

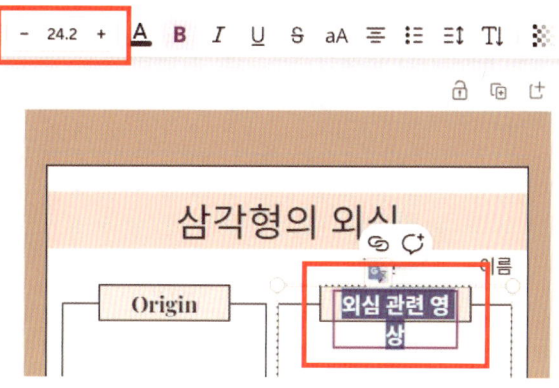

3. 수업에서의 활용

(3) 삼각형의 외심 칸에 텍스트를 추가하여 외심의 정의 및 성질을 기재한다.

보라색 직사각형의 옆부분을 조절하면 텍스트의 위치를 조절할 수 있고, 꼭짓점의 동그란 부분을 활용하면 텍스트의 크기를 조절할 수 있다.

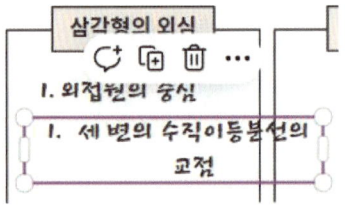

(4) 외심 관련 영상을 추가하기 위해 앱 메뉴에서 youtube를 검색하여 추가한다. '삼각형의 외심'을 검색하여 맘에 드는 영상을 선택한다.

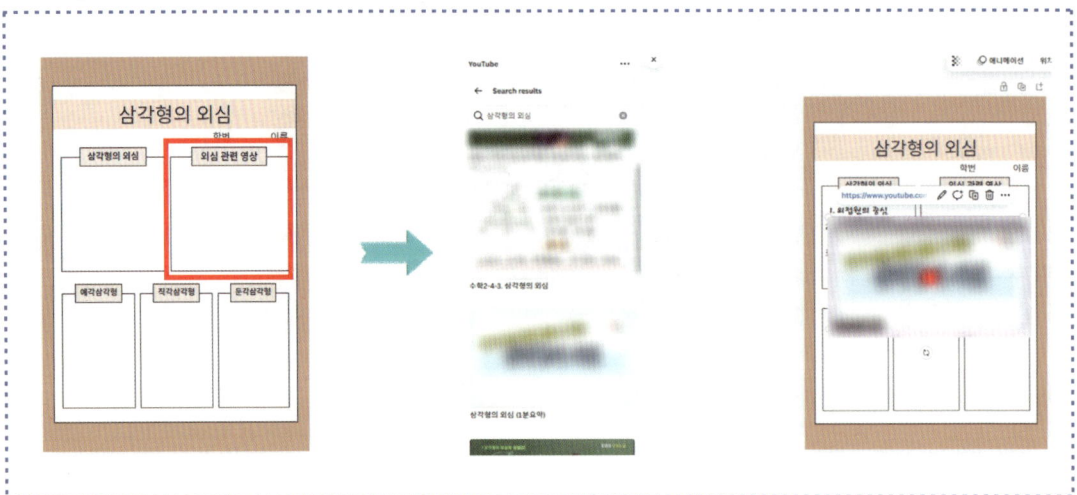

교사를 위한 캔바

(5) 영상을 틀의 크기에 맞춰 조절한 뒤 틀 안에 잘 위치한다.

(6) 삼각형의 외심 이미지를 삽입하기 위해 프레임을 넣자.

요소 > 프레임 > 정사각형 프레임을 선택해서 넣는다.

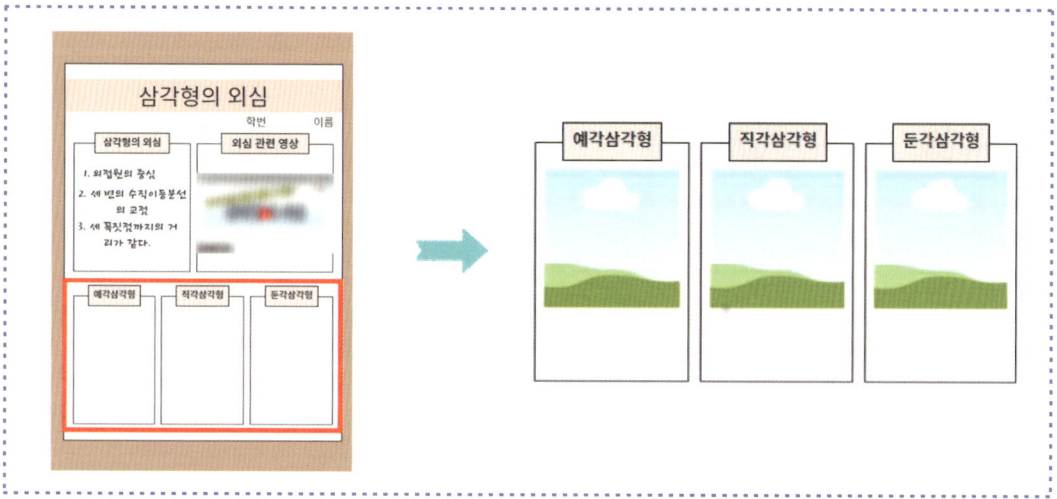

(7) 이미지를 넣기 위해 왼쪽 메뉴에서 '**업로드 항목** '을 선택한다.

[**파일 업로드**]를 선택해서 외심 작도 이미지를 업로드한다.

업로드 한 외심 작도 이미지를 선택하면 문서에 이미지가 생기고 프레임 위에서 이미지를 움직이면 프레임 안에 넣을 수 있다.

이제 텍스트를 추가하여 외심의 위치를 작성하면 문서가 완성된다.

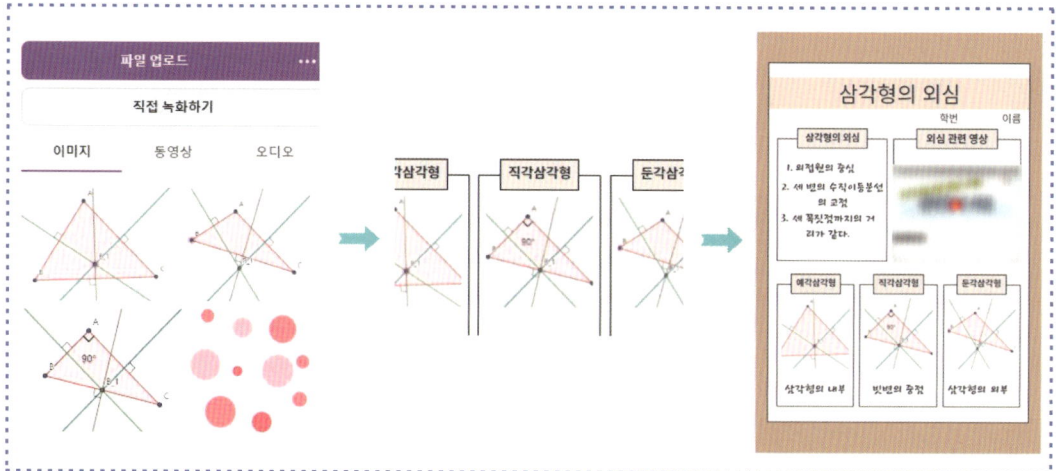

3. 수업에서의 활용

〈참고: 알지오매스에서 외심 작도하기〉

① **다각형** 메뉴를 선택하고 A, B, C, A 순서로 점을 찍는다.

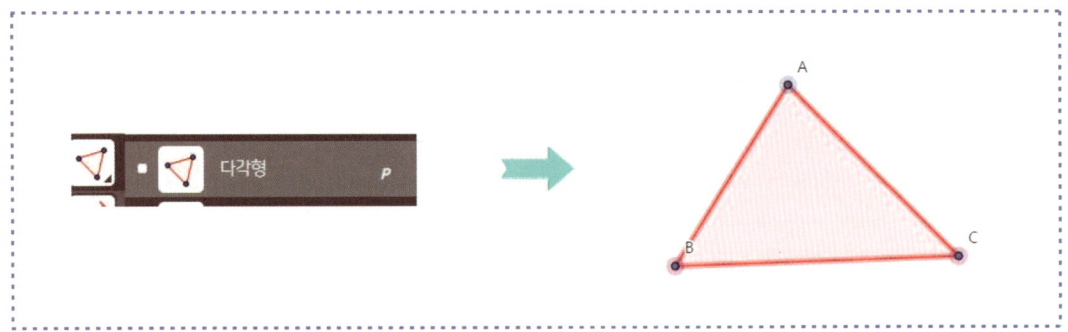

② **선** 메뉴에서 수직이등분선을 선택하고 삼각형의 세 변을 클릭한다.

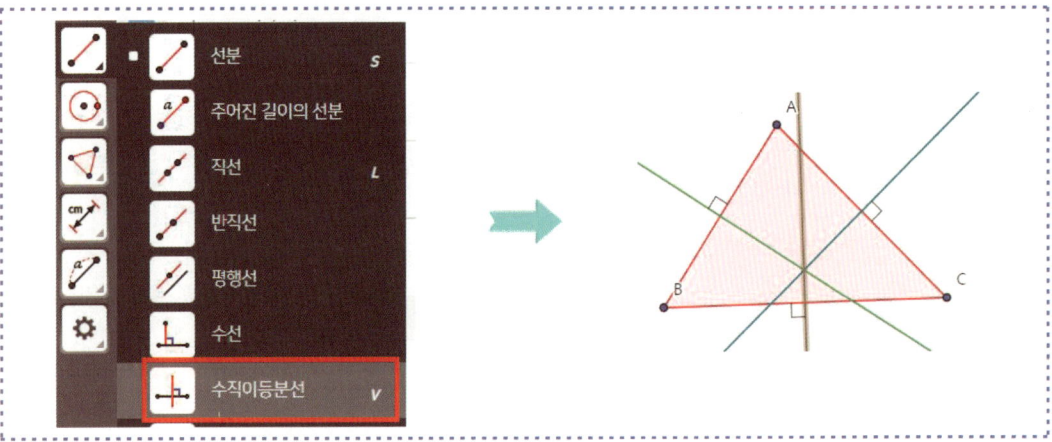

③ **점** 메뉴에서 교점을 선택하고 수직이등분선 중 두 개를 선택한다.

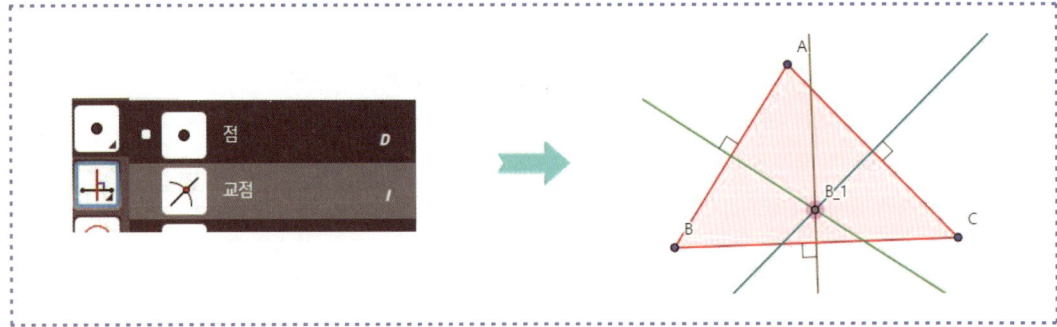

교사를 위한 캔바

④ 윈도우키 + shift + S 키를 눌러 캡쳐해서 저장해도 되고, 우측의 카메라 를 선택하여 저장해도 된다.

⑤ 우측 상단의 × 버튼을 누르고 esc 키 또는 선택 메뉴를 선택한다.

⑥ 꼭짓점을 조절하여 직각삼각형과 둔각삼각형으로 변형하여 위와 같이 이미지를 저장한다. 직각삼각형임을 확인하기 위해서는 측정 메뉴의 각도 버튼을 선택하여 각을 구해본다. 각 측정을 위해 각도 버튼을 선택한 뒤, B, C, A의 순서로 꼭짓점을 클릭한다.

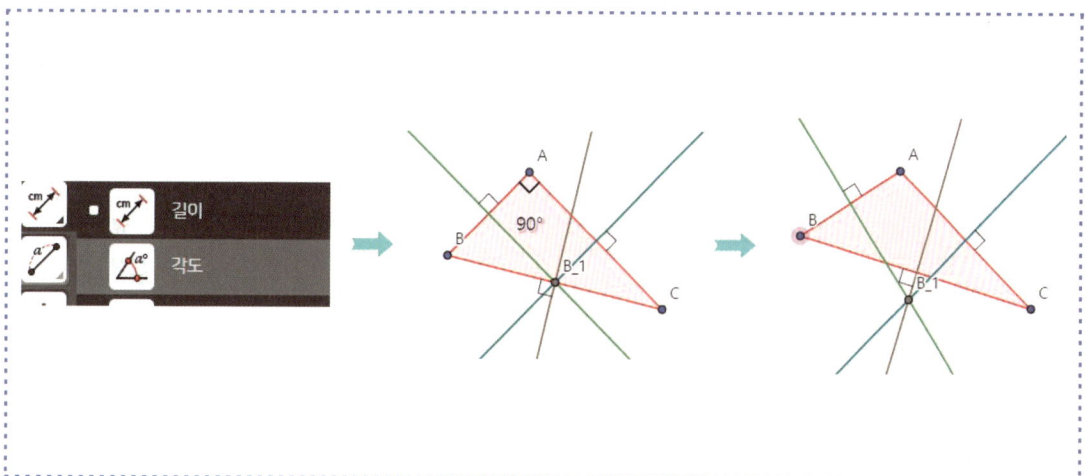

129

3. 수업에서의 활용

3.9 스톱 모션 이용한 도서 홍보 영상 만들기

교육용 캔바를 사용하면 다양한 종류의 템플릿을 무제한으로 사용할 수 있으며 독서 활동 후 스톱 모션 기능을 이용하여 읽은 글의 줄거리를 요약하여 책의 내용을 소개하며 인생의 어떤 교훈과 깨달음을 주는지 보여주는 소개 영상을 만들게 하면 더욱 창의적인 독후 활동을 할 수 있다. 이를 통해 글의 내용을 요약하여 정리하는 활동보다는 학생들의 흥미와 학습 동기가 더욱 향상될 것이다. 학생들이 스톱 모션 기능을 활용하여 중학교 1학년 2학기 국어 '나를 키우는 문학'에서 '나를 성장하게 하는 책'을 골라 읽고 책의 내용을 소개하는 광고를 만들어 보자. 관련 성취기준은 아래와 같다.

[9국03-05]

자신의 삶과 경험을 바탕으로 하여 독자에게 감동이나 즐거움을 주는 글을 쓴다.

1. 우선 아래 기준에 따른 몇 가지 추천 도서를 정한 후, 캔바를 이용한 독후 활동에 앞서 읽기 활동을 한다. 이때 유의할 점은 중학교 1학년 수준에 맞게 단편소설 정도 분량의 텍스트를 선택해야 독후 활동까지 집중력 있게 끝낼 수 있다.

   - 청소년의 성장 과정이 잘 드러난 책
   - 어려움을 극복하며 얻은 깨달음이 담긴 책
   - 긍정적인 삶의 자세를 배울 수 있는 책

2. 만약 '공작나방(헤르만헤세)'을 읽었다면, 읽은 후 캔바의 스토리보드 템플릿을 이용하여 홍보 영상을 만들기 전에 먼저 스토리보드로 구성해 보는 활동을 하여 교훈이나 깨달음, 핵심 내용을 파악한 바를 정리해주는 활동을 한다. 이 작업은 후에 스톱 모션을 만들 때 효율성을 높이고 목적에 맞는 홍보 영상을 만드는 데 좋다. 구체적인 과정은 다음과 같다.

템플릿-교육-스토리보드 카테고리에서 간단한 템플릿을 아래와 같이 고른다.

[그림2-1 스토리보드 기본 템플릿]

기본 템플릿 내용을 수정하여 아래와 같이 고쳐 학생들에게 제공하고 책 홍보 영상에 들어갈 장면을 미리 구상하여 내용과 스케치를 작성하도록 지도한다.

[그림2-2 스토리보드 템플릿 수정하기]

3. 수업에서의 활용

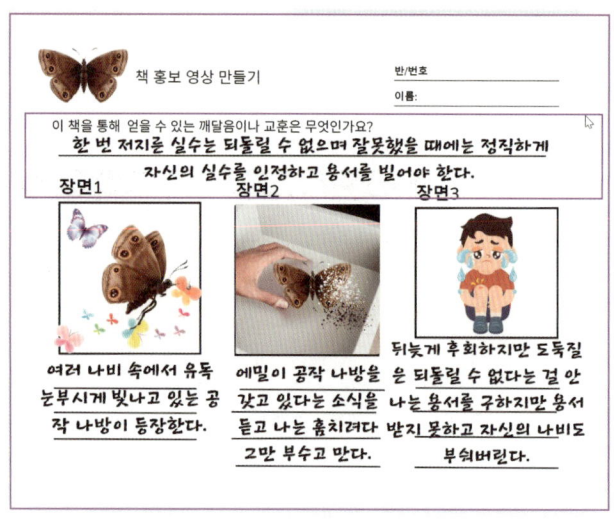

[그림 2-3 스토리보드 구성물 예시]

[그림 2-3]과 같이 스토리보드를 학습지로 나누어 주어도 되며 **캔바-요소**에서 각 사진이나 이미지 등을 이용하여 내용을 넣도록 수업 시간에 지도해도 좋다. 그림을 잘 그리는 학생의 경우는 그리되, 그림 그리기나 장면 묘사에 어려움을 겪는 학생은 요소에서 이미지를 검색하여 적절한 장면을 구성하게 하면 훨씬 스토리 보드를 작성하기 쉽다. 캔바를 이용하여 글을 쓰거나 이미지를 검색하여 사용하면 대부분 일정 이상의 독후 결과물을 만들어내므로 그림과 글씨 쓰기 능력을 떠나 오로지 독서 내용에 집중해서 학생들을 평가하는 데 도움이 된다.

3. 스토리 보드를 대략 구성한 다음에는 본격적으로 스톱 모션 만들기를 한다.

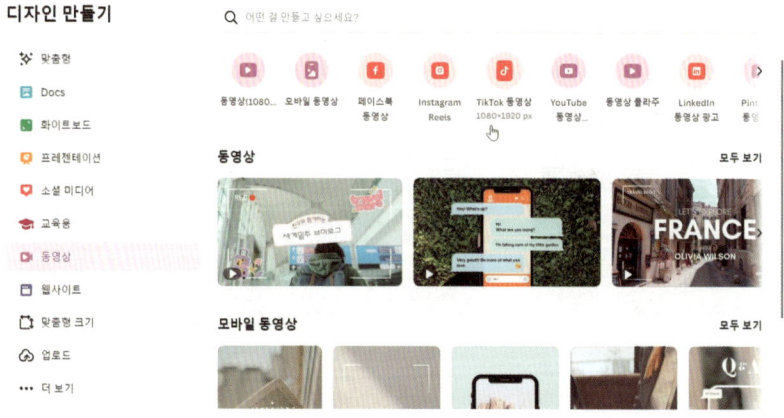

[그림2-4 스톱모션 만들기 - 캔바에서 선택할 수 있는 동영상]

먼저, **동영상-인스타그램 릴스**를 클릭한다. 페이스북 동영상이나 틱톡 동영상 등 다양한 동영상을 활용하여 만들 수 있다.

4. 스톱 모션은 반복적 작업수행을 많이 하여 장면을 여러 개 구성할수록 장면 연결이 자연스러워지고 시간이 짧을수록 자연스러우므로 먼저 [그림 2-5]와 같이 화면 상단에 시계가 그려진 부분(시간 편집)을 클릭하여 0.1초~0.2초로 시간을 변경하고 시작한다. 이후에 페이지는 장면의 자연스러운 연결을 위해서 [그림2-6]과 같이 보라색 부분에 점 세 개인 부분을 클릭하여 '1페이지 복사하기'를 눌러 페이지를 만든다.

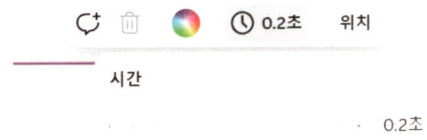

[그림2-5 스톱모션 만들기 - 시간 편집 방법]

[그림2-6 스톱모션 만들기 - 페이지 복제하는 방법]

5. 요소-'**3D 사람**'을 검색하여 '공작나방'의 주인공을 찾는다. 그런 다음 [그림2-7]과 같이 선택한 이미지 위에 있는 점 세 개를 눌러 컬렉션 보기를 누르고 더욱 다양한 이미지를 미리 선택하여 페이지에 옮겨둔다. 따라서 검색한 이미지 중에 여러 표정과 동작이 있는 이미지를 선택해야 움직이는 장면을 만들기에 좋다.

3. 수업에서의 활용

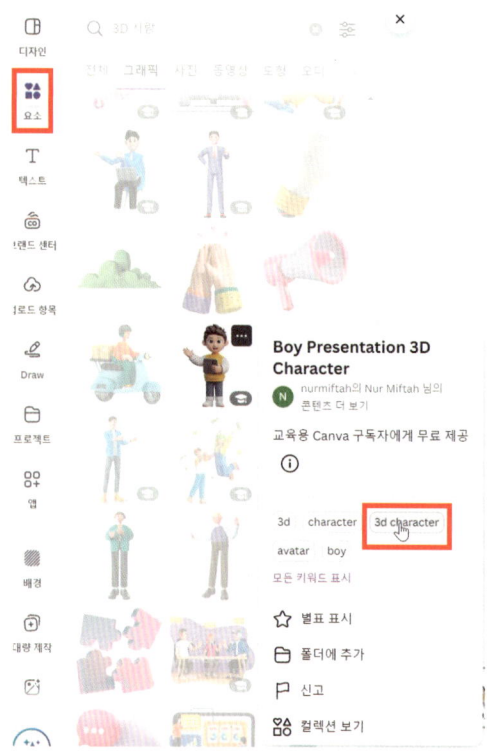

[그림2-7 스톱 모션 만들기 – 주인공 3D 사람 이미지 찾기]

6. 스토리보드 장면1에 따라 **요소-'3D 사람'**으로 검색을 누른 후 선택한 이미지를 배치하고 요소에서 공작 나방 등의 여러 나비 이미지를 검색하여 페이지 복사한 다음 이미지의 배치와 크기를 조절하여 움직이는 장면을 구성한다. 페이지가 많을수록 섬세한 움직임이 표현되어 작품성이 높아진다. **[그림2-8]**과 같이 움직임이 잘 표현되도록 작업해준 후 하단에 재생 버튼을 눌러 움직임이 잘 표현되었는지 확인한다.

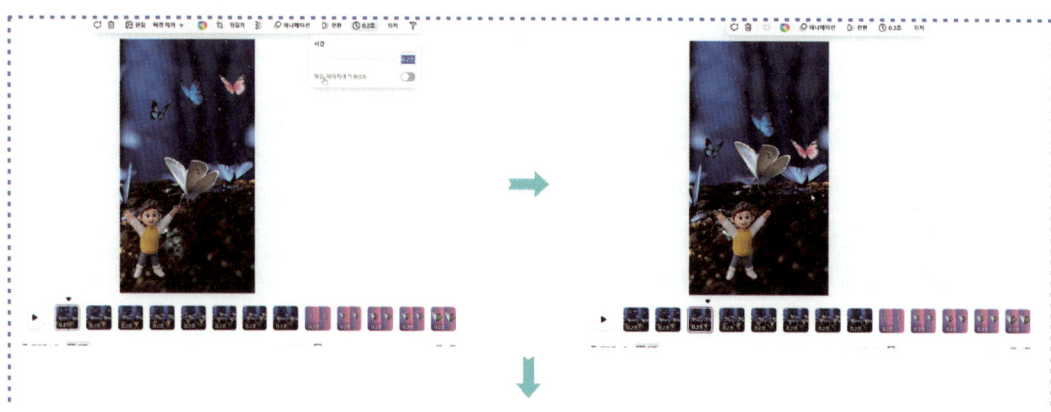

[그림2-8 스톱 모션 만들기 - 페이지 복제하여 이미지의 움직임 만들기]

7. 스토리보드 장면2에 따라 공작 나방을 훔치는 장면을 나타내기 위해 **요소-'3D 사람'**에서 찾은 트로피를 들고 있는 이미지를 공작 나방을 들고 있는 모습으로 바꾸려면 그림과 같이 **사진 클릭-편집-Magic Eraser-클릭**이나 **브러시로 지울 부분 선택-지우기**를 눌러 트로피를 제거해준 후 공작나방 이미지를 넣어준다. 이때 공작 나방이 맨 앞으로 올 수 있도록 위치를 맨 앞으로 설정해준다.

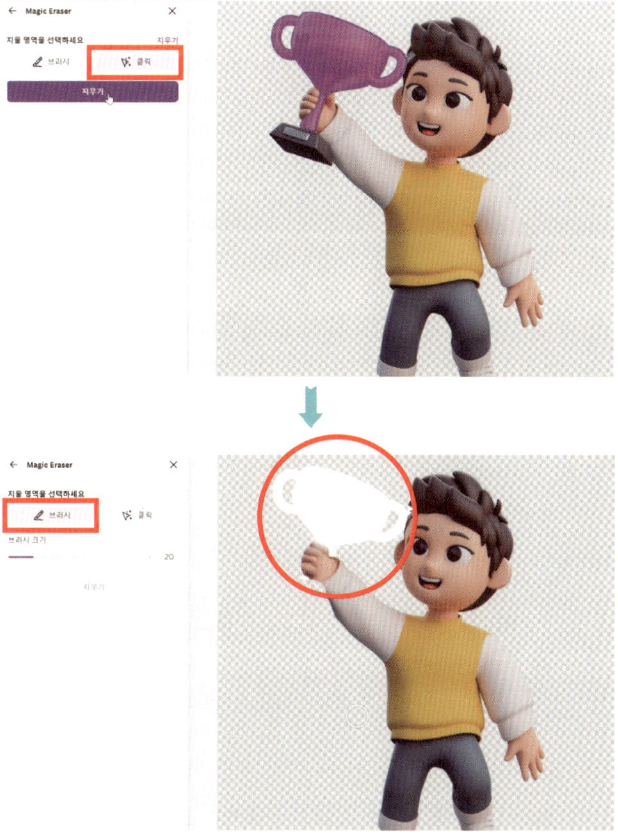

3. 수업에서의 활용

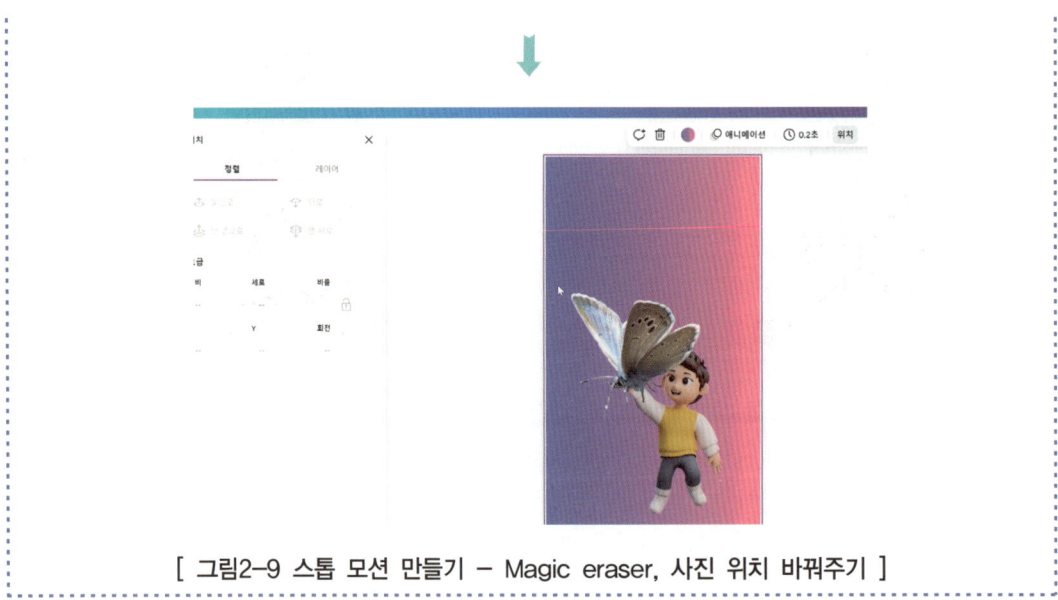

[그림2-9 스톱 모션 만들기 - Magic eraser, 사진 위치 바꿔주기]

8. 부서진 공작나방을 표현하기 위해 **요소-splash**를 검색하여 나오는 이미지를 공작 나방에 반복적으로 넣어주고 흰색과 나머지 이미지에 담긴 색을 이용하여 부서진 느낌을 여러 장면으로 표현한다.

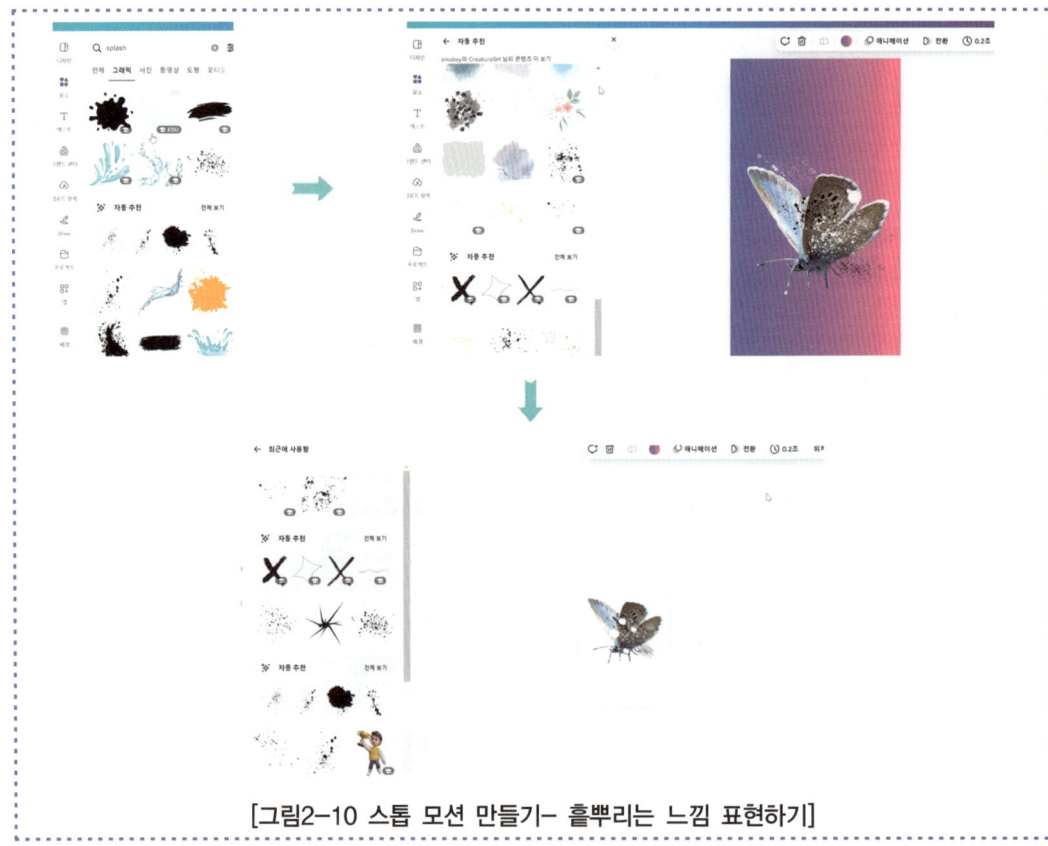

[그림2-10 스톱 모션 만들기- 흩뿌리는 느낌 표현하기]

9. 공작 나방을 훔친 후 미안한 마음을 표현하는 장면을 위해 'I AM SORRY'라는 글씨를 추가하여 표현한다면 **요소-Letter I(찾고 싶은 글자)**를 검색해서 선택할 수 있다. 역시 이미지의 위치, 배경색 변경, 사진 선택하여 편집하기 기능을 활용하여 장면을 다양하게 바꿀 수 있다.

[그림2-11 스톱 모션 만들기- 글씨 표현하기]

10. 이미지에 그림자를 넣고 싶은 경우, **편집-그림자**에서 글로우나 드롭 등을 설정해주고 흐림 정도와 강도를 바꿔서 수정할 수 있다.

[그림2-12 스톱 모션 만들기 -이미지에 그림자 넣기]

3. 수업에서의 활용

11. 어울리는 음악을 넣기 위해서는 **요소-오디오**에서 원하는 음악을 드래그하여 넣고 맨 앞부터 나오도록 설정한다. 중간에 필요 없는 음악이 들어갔다면 삭제해 주어야 한다.

[그림2-13 스톱 모션 만들기 - 음악 넣기]

3.10 문자 디자인 기능을 활용한 책 표지 만들기

1. [그림3-1]]처럼 검은 바탕에 흰 글씨로 국어 시간에 작품을 읽고 책 표지를 만들 때 공작 나방의 부서지는 효과를 표현하기 위해 'CRACKED'라고 쓴다. 이때 글씨체는 굵은 글씨체로 한다.

2. 요소-CRACK을 검색하여 그래픽에서 [그림3-2]같이 나오면 마음에 드는 무늬(검정 바탕색과 같은 검정색)를 선택하며, 다른 색일 경우 검정으로 바꾼다. 이때 그대로 무늬를 글자 위에 적용하면 글자가 앞에 나와 있어 보이지 않으므로 위치를 [그림3-3]처럼 무늬를 맨 앞으로 바꿔준다. 여러 무늬를 넣어주면 [그림3-4]와 같이 부서지는 느낌의 글자가 완성된다.

[그림3-1]

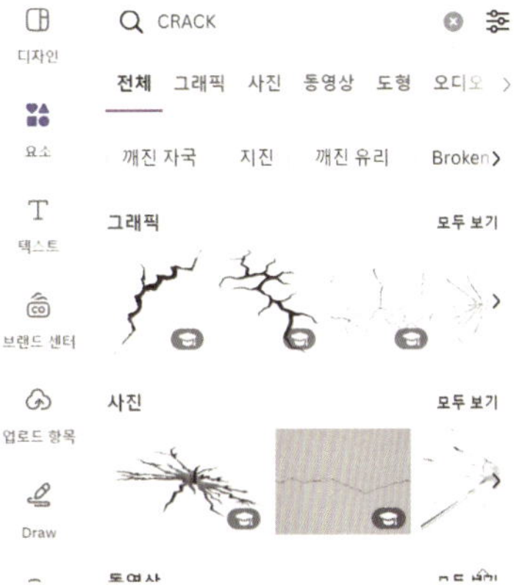

[그림3-2]

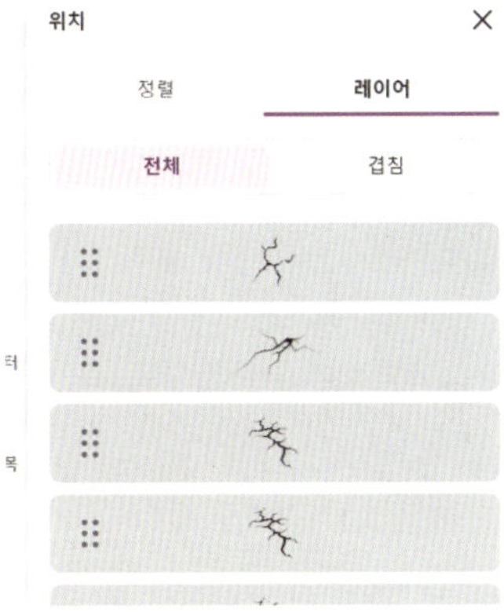

[그림3-3]

[그림3-4]

3. 수업에서의 활용

3. 2.에서 작업한 결과물을 [그림3-5]와 같이 PNG로 투명 배경 체크를 해제하여 다운로드 후 새 페이지에 저장한 것을 가지고 온다.

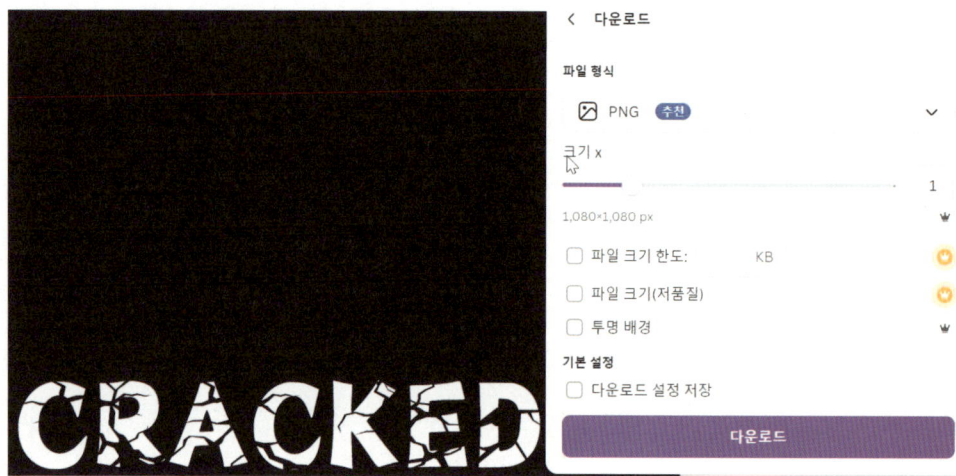

[그림3-5]

4. 새 페이지에서 이미지 편집-요소-공작나비 검색-공작나비 사진을 복사한 후, [그림3-6]과 같이 배경 제거-여러 개 복사-한 개는 흐리기 적용해서 겹치고 그 위에 흐리기 안 한 나비 이미지를 배치한다.

[그림3-6]

5. CRACKED 글자에 그림자를 주기 위해서는 [그림3-7]과 같이 **편집-그림자-드롭-거리, 흐리기, 강도** 조정하며 맞춰준다.

[그림3-7]

6. CRACK 글자를 복사해서 반으로 나누고 기울여서 부서진 듯 연출하며 요소-도형에서 삼각형을 찾아 부스러기를 표현해줄 수 있다.

[그림3-8]